JN064818

図解でわかる

総務部員の基礎知識

役割・機能・仕事――
部門に1冊の実務マニュアル

The General Affairs Department

元「月刊総務」代表兼編集長
下條一郎

日本能率協会マネジメントセンター

本書は2012年2月刊『図解でわかる部門の仕事 改訂版 総務部』の内容を最新情報に刷新し刊行するものです。

はじめに

総務部は、日本の企業・団体のほとんどに設置されている部署です。それにもかかわらず、「総務部とはどんな役割や仕事があるのか？」と問われると、実際に総務部に在籍している人ですら満足に説明できないことが多いと感じます。

それは、総務部の業務分掌があまりに広範囲に及んでいるからであり、「他に属さない事項」すべてがその分掌に含まれているのが一般的だからだと思うのです。

そこで本書では、総務部員として最低限知っておきたい基本項目（役割、機能、業務、必要な知識）を抽出し、新しく総務部に配属された人はもちろん、現在総務部に在籍している人の業務の再確認をも視野に入れて、日常的な総務部の実務に対応するための行動指針を解説します。

それと同時に、一般に総務部の役割ともいえる「他部門のサービススタッフ」「全社的なコミュニケーション管理」「経営トップの参謀役」「全社的活動の推進」等々の要件を実務に絡めて解説し、立体的に総務部を把握できるようにも配慮しました。

総務専門誌『月刊総務』の編集におよそ30年間携わり、別冊・臨時増刊号を入れると約400冊、テーマ別では特集・特別記事・付録等で約1200項目の総務関連記事を編集してきた筆者の経験が、少しでも読者の皆さまのお役に立つことを願っています。

2024年4月

下條 一郎

総務部の社内関連図

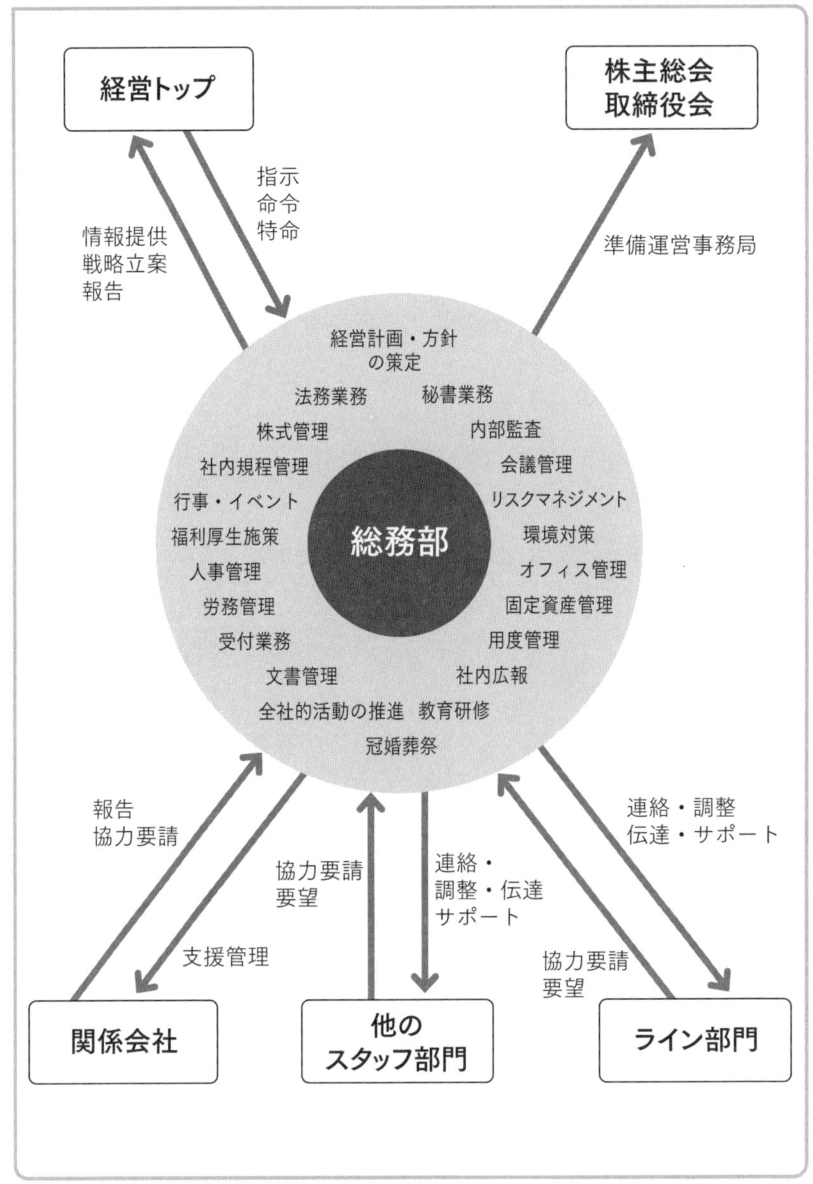
経営トップ
株主総会
取締役会
指示
命令
特命
情報提供
戦略立案
報告
準備運営事務局
経営計画・方針
の策定
法務業務
秘書業務
株式管理
内部監査
社内規程管理
会議管理
行事・イベント
リスクマネジメント
福利厚生施策
総務部
環境対策
人事管理
オフィス管理
労務管理
固定資産管理
受付業務
用度管理
文書管理
社内広報
全社的活動の推進
教育研修
冠婚葬祭
報告
協力要請
連絡・調整
伝達・サポート
協力要請
要望
連絡・
調整・伝達
サポート
支援管理
協力要請
要望
関係会社
他の
スタッフ部門
ライン部門

総務部の社外関連図

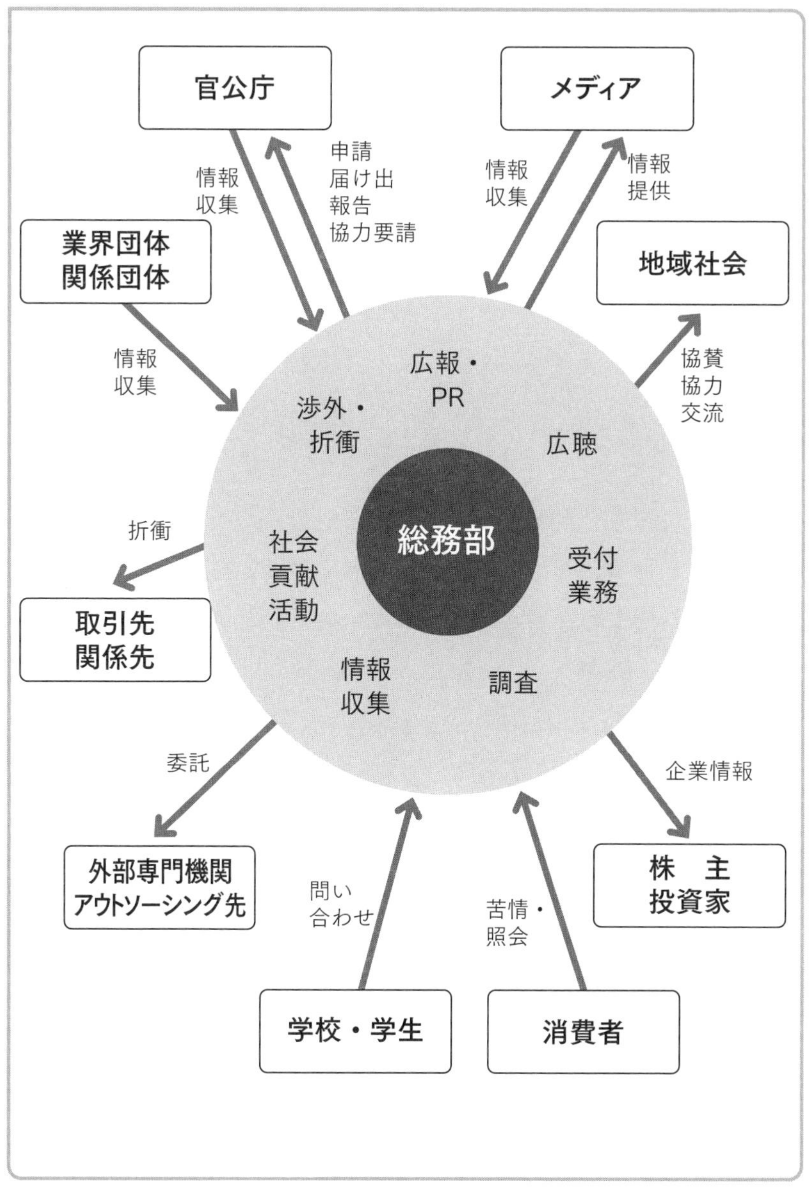

官公庁
情報
収集
申請
届け出
報告
協力要請
メディア
情報
収集
情報
提供
業界団体
関係団体
地域社会
情報
収集
協賛
協力
交流
広報・
PR
渉外・
折衝
広聴
総務部
社会
貢献
活動
受付
業務
情報
収集
調査
折衝
取引先
関係先
委託
企業情報
外部専門機関
アウトソーシング先
株　主
投資家
問い
合わせ
苦情・
照会
学校・学生
消費者

総務部員の基礎知識

目次

はじめに……3
総務部の社内関連図……4
総務部の社外関連図……5

第1章 総務部の役割と機能

1 ◆ 総務部は間接部門の要……14
2 ◆ 総務部の役割……16
3 ◆ 経営トップの参謀役……18
4 ◆ 全社的なコミュニケーション管理……20
5 ◆ 他部門のサービススタッフ……22
6 ◆ 全社的活動の推進……24
7 ◆ 総務部は「企業の顔」……26
8 ◆ 官公庁への対応……28
9 ◆ 地域社会への対応……30
10 ◆ 消費者への対応……32
11 ◆ メディアへの対応……34
12 ◆ 企業を取り巻く環境変化に期待される役割……36
13 ◆ 総務部門の合理化……38

14 ◆ 総務部門による全社 DX 化の支援 40
15 ◆ 戦略型総務への成長 42
Column 日米の「総務部」の違い 44

第2章 総務部の年間活動スケジュール

総務部年間カレンダー 46
4月の主な業務 48
16 ◆ 新年度経営方針の発表 49
17 ◆ 入社式の準備・実施 50
18 ◆ 新入社員集合研修 51
19 ◆ 新入社員の OJT 52
20 ◆ 前年度の振り返りと新年度の確認 53
5月の主な業務 54
21 ◆ 定時株主総会の準備 55
22 ◆ 役員就任手続きと通知 56
23 ◆ 禁煙促進活動 57
6月の主な業務 58
24 ◆ 定時株主総会の開催 59
25 ◆ 役員就任披露会の開催 60
26 ◆ 福利厚生施設の点検・整備 61
7月の主な業務 62
27 ◆ 職場の安全対策・環境整備 63

28 ◆ 中元贈答品の手配・発送 64
29 ◆ 中堅管理者研修の実施 65

8月の主な業務 66

30 ◆ 夏季休暇の実施と管理 67
31 ◆ 関係先・取引先のデータ整理 68
32 ◆ 夏の省エネルギーの総点検 69

9月の主な業務 70

33 ◆ 防災訓練の実施 71
34 ◆ 経費支出の点検 72
35 ◆ 新入社員のフォローアップ研修 73
36 ◆ 交通安全対策の推進 74
37 ◆ 健康増進の啓発活動 75

10月の主な業務 76

38 ◆ 採用内定の通知と内定者フォローアップ 77
39 ◆ 業務推進計画の中間報告会 78
40 ◆ 社内スポーツイベントの実施 79

11月の主な業務 80

41 ◆ 次年度定期採用の準備 81
42 ◆ 歳暮贈答品の手配・発送 82
43 ◆ 法令遵守の啓発活動 83

12月の主な業務 84

44 ◆ 職場のハラスメント撲滅運動の推進 85
45 ◆ 年末の大掃除と文書整理 86

46 ◆ 新年を迎える準備 87

1月の主な業務 88

47 ◆ 仕事始め式の実施 89

48 ◆ 年始のあいさつ回りと年始客の対応 90

49 ◆ 年間行事・業務計画の確認と社内広報 91

2月の主な業務 92

50 ◆ 新入社員の入社前研修 93

51 ◆ 各種業務規程の見直し 94

52 ◆ 定期人事異動の検討 95

3月の主な業務 96

53 ◆ 決算事務と予算編成 97

54 ◆ 新年度経営計画の策定 98

55 ◆ 保存文書の整理・廃棄 99

56 ◆ 会社説明会の開催 100

57 ◆ 新入社員の受け入れ準備 101

Column 戦略総務への脱皮 102

第3章 対社内・対社外の総務の仕事

58 ◆ 社内 多岐にわたる業務分掌 104

59 ◆ 社内 経営関係業務① 経営計画の策定と発表 106

60 ◆ 社内 経営関係業務② 株主総会の準備・運営 108

61 ◆ 社内 経営関係業務③ 取締役会の運営 110

62 ◆ 社内 経営関係業務④ 社内規程の整備・管理 …… 112
63 ◆ 社内 経営関係業務⑤ 法務業務 …… 114
64 ◆ 社内 管理・統制業務① 文書管理 …… 116
65 ◆ 社内 管理・統制業務② 会議管理 …… 122
66 ◆ 社内 管理・統制業務③ 株式管理 …… 124
67 ◆ 社内 管理・統制業務④ 関係会社管理 …… 126
68 ◆ 社内 管理・統制業務⑤ 内部監査 …… 128
69 ◆ 社内 管理・統制業務⑥ 環境対策 …… 130
70 ◆ 社内 管理・統制業務⑦ リスクマネジメント …… 132
71 ◆ 社内 管理・統制業務⑧ 緊急時対応マニュアルの作成 …… 134
72 ◆ 社内 管理・統制業務⑨ 社員が関係した事件・事故対策 …… 136
73 ◆ 社内 管理・統制業務⑩ 内部告発対策 …… 138
74 ◆ 社内 管理・統制業務⑪ 情報セキュリティマネジメント …… 140
75 ◆ 社内 管理・統制業務⑫ 個人情報保護の対策 …… 142
76 ◆ 社内 資産管理業務① 不動産管理 …… 144
77 ◆ 社内 資産管理業務② 用度品管理 …… 146
78 ◆ 社内 資産管理業務③ 車両管理 …… 148
79 ◆ 社内 庶務関係業務① 受付業務 …… 150
80 ◆ 社内 庶務関係業務② 秘書業務 …… 152
81 ◆ 社内 庶務関係業務③ 社内行事・イベントの運営 …… 154
82 ◆ 社内 庶務関係業務④ 社内広報 …… 156
83 ◆ 社内 庶務関係業務⑤ 社内報の編集・発行 …… 158
84 ◆ 社内 庶務関係業務⑥ 全社的活動の実施主体 …… 160
85 ◆ 社内 人事・労務・福利厚生業務① 募集・採用 …… 162

86 ◆ 社内 人事・労務・福利厚生業務② 配置・異動 …… 164
87 ◆ 社内 人事・労務・福利厚生業務③ 社員教育の実施・サポート …… 166
88 ◆ 社内 人事・労務・福利厚生業務④ 労働時間の管理 …… 168
89 ◆ 社内 人事・労務・福利厚生業務⑤ 休日・休暇の管理 …… 170
90 ◆ 社内 人事・労務・福利厚生業務⑥ 賃金体系の整備 …… 172
91 ◆ 社内 人事・労務・福利厚生業務⑦ 福利厚生施策 …… 174
92 ◆ 社内 人事・労務・福利厚生業務⑧ 社員の健康管理 …… 176
93 ◆ 社内 人事・労務・福利厚生業務⑨ 冠婚葬祭 …… 178
94 ◆ 社内 人事・労務・福利厚生業務⑩ 葬儀の手伝い …… 180
95 ◆ 社内 人事・労務・福利厚生業務⑪ 社葬の準備・運営 …… 182
96 ◆ 社外 外部との渉外役 …… 184
97 ◆ 社外 受付での「招かれざる客」への対応 …… 186
98 ◆ 社外 渉外・折衝業務 …… 188
99 ◆ 社外 広報・PR 業務 …… 190
100 ◆ 社外 企業市民活動の推進 …… 192
Column 総務部員のインテグリティ …… 194

第4章 総務部に必要な業務知識と法的知識

101 ◆ 業務知識 会社全般の理解と業務の基本 …… 196
102 ◆ 業務知識 文書作成・送付の基本 …… 200
103 ◆ 業務知識 押印の基本 …… 202

104 ◆ 法的知識 経営・管理業務 …… 204

Column 法律改正の情報を知るには …… 207

105 ◆ 法的知識 人事・労務業務 …… 208

Column 総務の仕事とAI …… 212

第5章 総務部員に必要な心構え

106 ◆ 総務部員の基本的心構え …… 214
107 ◆ 総務部員の基本的役割 …… 216
108 ◆ 情報のコーディネーター役としての２つの要件 …… 218
109 ◆ 総務のサービスに必要なこと …… 220
110 ◆ 機密保持と情報開示の姿勢 …… 222
111 ◆ 総務部員の自己啓発① 問題発見力と解決力の練磨 …… 224
112 ◆ 総務部員の自己啓発② 臨機応変の行動力と持続力の練磨 …… 226
113 ◆ 総務部管理者の役割① トップの良き補佐役 …… 228
114 ◆ 総務部管理者の役割② 重要情報の発信 …… 230
115 ◆ 総務部管理者の役割③ 各部門の調整役 …… 232
116 ◆ 総務部管理者の役割④ 広範な知識と高度なスキル …… 234

索引 …… 236

本書は2024（令和６）年３月１日の法令に基づいています。

第1章

総務部の役割と機能

1

総務部は間接部門の要

◆ 会社の事務業務のすべてを取り扱う部門

総務という言葉は「会社・団体で全体の事務を統（す）べつかさどること。また、その職あるいは人」（『広辞苑』より）を意味します。

つまり、総務部は会社の事務業務のすべてを取り扱う部門ということになります。ただ、現在の「総務部」の業務領域を見ると、企業によって千差万別といえます。

会社組織というものは、企業を取り巻く環境によって変わっていくものです。総務部も例外ではありません。会社の規模が小さいうちは一部署で事足りたものの、規模が拡大し、事業が多様化するにつれ、総務業務も増殖化の一途をたどることになります。

そこで、業務ごとに課ができ、そのうち部として分離・独立していきます。

すなわち、会社組織の間接部門である人事部や経理部、広報部、法務部などは、ほとんど総務部から派生したものです。こうした分離・独立の形は企業ごとに違いがあります。

したがって、**総務部の業務領域が企業により異なり、どんな形で専門業務が分化されるにせよ、総務部は「母体」として他の間接部門の要（かなめ）の位置**にあり、社内で大きな影響力を持っています。

総務部の仕事は「雑用だ」「何でも屋だ」と言われることもありますが、それは言葉をかえれば、他部門の活動の下支えをしているということです。他部門もわからないことがあると何でも総務部に聞いてきます。間接部門の要として認識されているからこそです。

総務部の位置づけと総務部門の分化

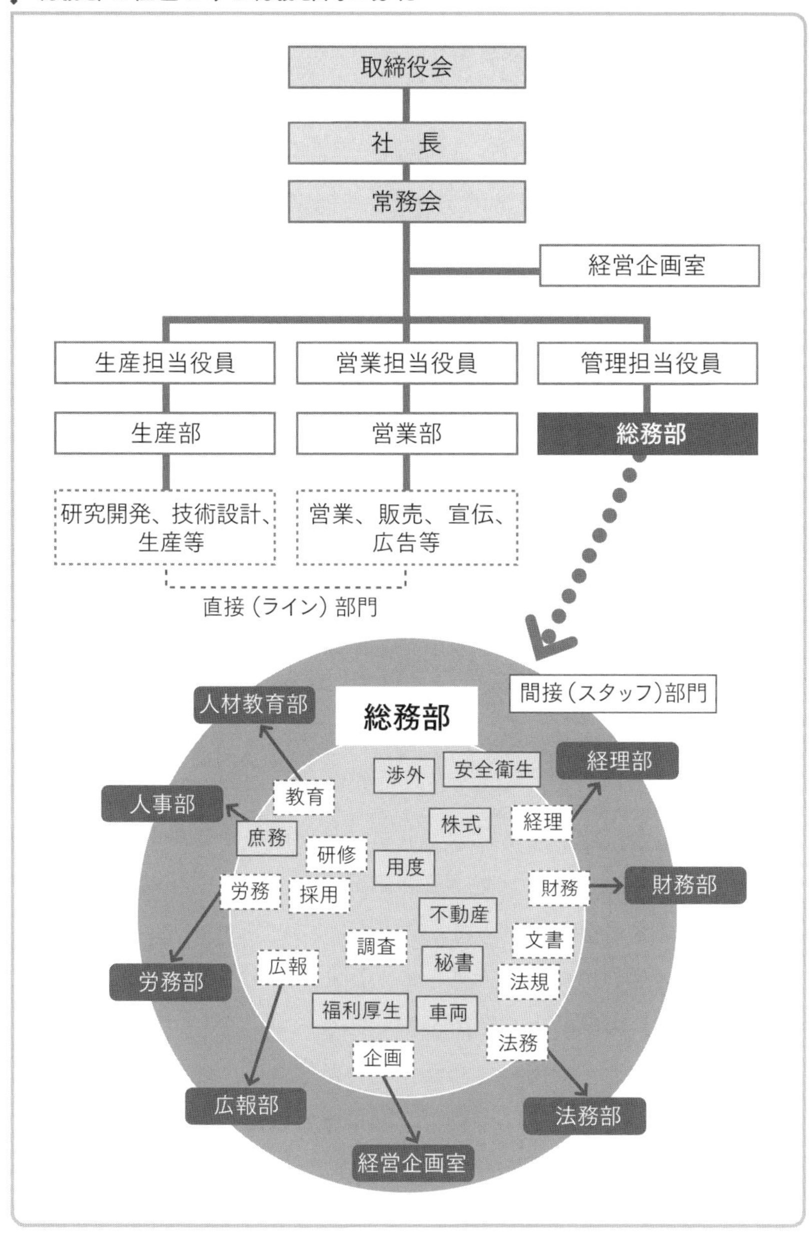

2

総務部の役割

◆ 経営トップと他部門への支援

総務部の業務領域は企業によって異なると述べましたが、全般的経営管理を行う部署として基本的な役割をあげると、以下のようになります。

①**経営トップの参謀役**：経営トップの意思決定に必要な情報提供、アドバイス、進言。

②**全社的なコミュニケーション管理**：経営計画・経営戦略の策定等経営全般における部門間の連絡・調整（交渉・話し合い・根回し・協力要請・アドバイス等）、業務事項等の全社通達。

③**他部門のサービススタッフ**：各部門が円滑に、そして効果的に業務遂行できるように後方から支援。

④**全社的活動の推進**：全社的活動の準備・PR・運営、または支援。

言い換えると、**総務部は経営トップと他部門の活動をあらゆる面から支援し、全社的にバランスよく利潤追求ができるような働きやすい環境づくりをする役割**を持っているということです。

また、企業活動は様々な外部とのかかわりの中で行われており、総務部には「**企業の顔**」としての役割もあります。

官公庁との渉外・折衝、各種団体との付き合い、地域社会との交流、株主・投資家、メディア、消費者、学校等との対応を通して、社会との良好な関係を保つと同時に、諸々のリスクから会社を守る役割を負っています。

総務部の社内外の役割

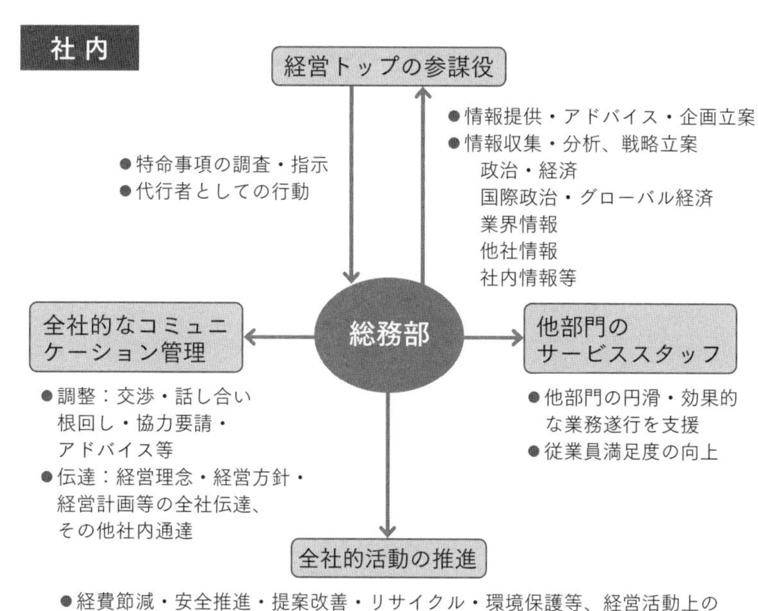
社内
経営トップの参謀役
●特命事項の調査・指示
●代行者としての行動
●情報提供・アドバイス・企画立案
●情報収集・分析、戦略立案
政治・経済
国際政治・グローバル経済
業界情報
他社情報
社内情報等
全社的なコミュニケーション管理
総務部
他部門のサービススタッフ
●調整：交渉・話し合い
根回し・協力要請・
アドバイス等
●伝達：経営理念・経営方針・
経営計画等の全社伝達、
その他社内通達
●他部門の円滑・効果的な業務遂行を支援
●従業員満足度の向上
全社的活動の推進
●経費節減・安全推進・提案改善・リサイクル・環境保護等、経営活動上のプロジェクトチーム、リストラクチャリング
・事務局として→全社の調整＋推進
・活動の推進母体→各部門の担当者で構成した活動委員会の中心的役割

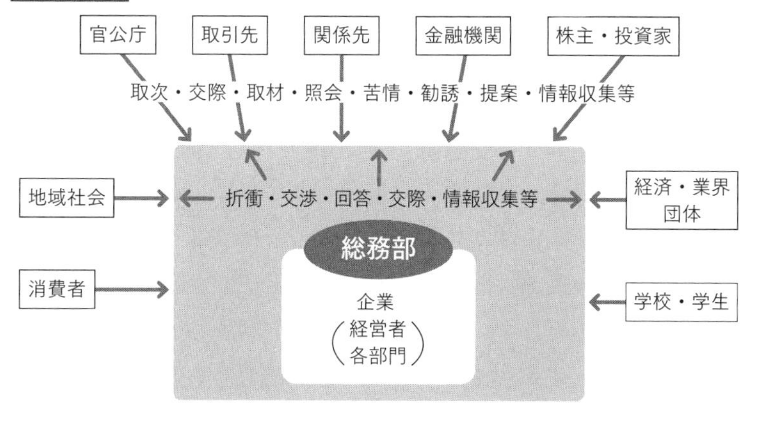
社外
官公庁
取引先
関係先
金融機関
株主・投資家
取次・交際・取材・照会・苦情・勧誘・提案・情報収集等
地域社会
折衝・交渉・回答・交際・情報収集等
経済・業界団体
総務部
消費者
企業
（経営者
各部門）
学校・学生

3 経営トップの参謀役

◆ 経営における意思決定上の情報提供

総務部の機能の中に、経営トップの参謀役があります。

間接部門は、直接＝ライン部門の効率的な活動をサポートするスタッフ（参謀）としての役割がありますが、間接部門の要である総務部は最も経営トップに近いところに位置し、リーダーであるトップの参謀として、その補佐を務める役割も負っています。

この**参謀としての主な役割は、経営上の意思決定（取締役会決定）をするうえでの情報提供**です。

意思決定は、経営トップの仕事の中でも最も慎重かつ的確、迅速に行われるべきものです。それには、国内外の経済・社会の動き、業界の動向、その他企業を取り巻くあらゆる情報の分析が不可欠です。ときには、特命で調査や情報収集をしなければならない任務もあります。総務部は常に社内外に情報のアンテナを張り巡らせ、トップの判断材料を集めなければならないということです。あわせて、分析した情報をもとに、会社のために最良の戦略を立てることも求められます。

参謀としての役割は、情報提供や戦略立案だけではありません。**トップが独断専行の間違った判断や行動をしたならば、過ちを正すために進言**しなければなりません。相次ぐ企業の不祥事は、不正だと知りつつ、誰もトップの意向に反論できない組織風土が主要な原因として指摘されることがあります。組織の中にあって参謀は難しい立場に置かれることも多いですが、その判断、そして勇気ある進言が会社の将来を左右することになると言っても過言ではありません。

トップとの密接なコミュニケーション

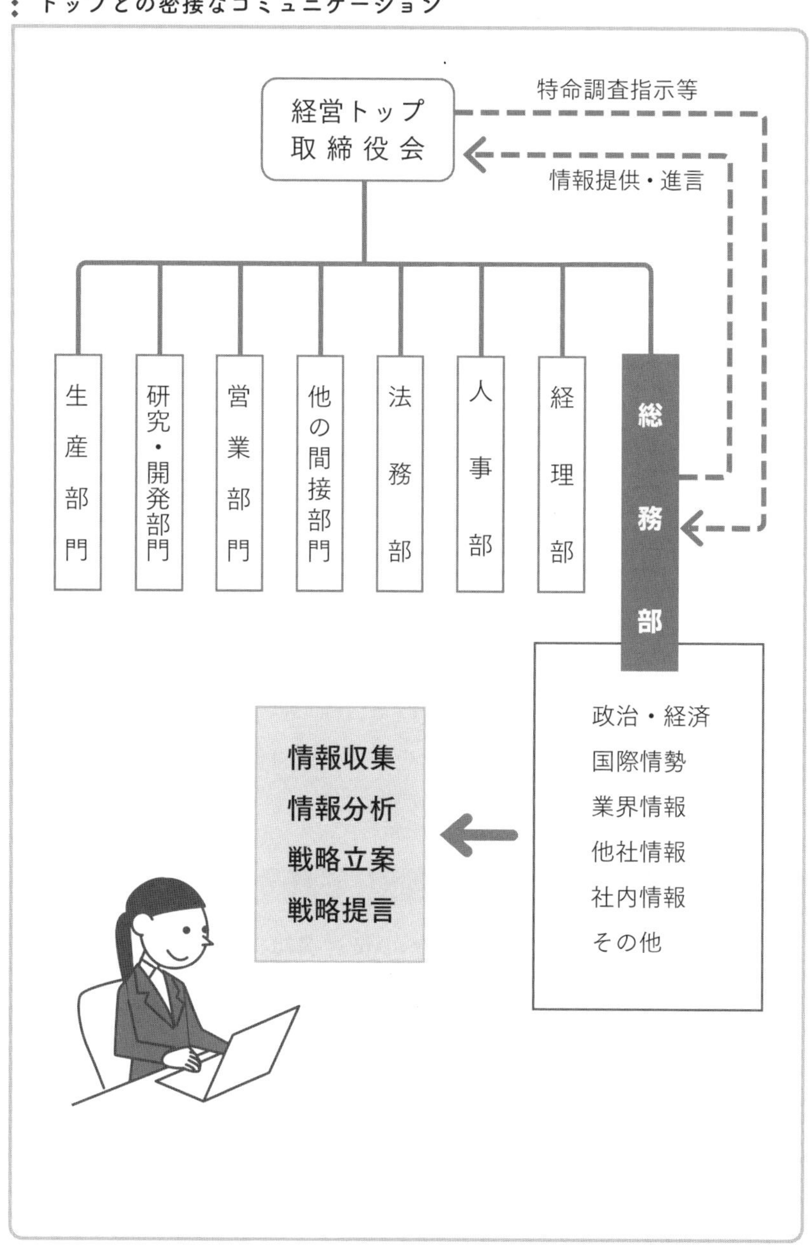

4 全社的なコミュニケーション管理

◆ 各部門間の調整機能

全社的なコミュニケーション機能にはいくつかありますが、そのうちの１つが「**調整機能**」です。**企業組織の各部門をタテ割りではなくヨコ割り、すなわち横断的に連携を取れるよう、その潤滑油となること**です。それは各部門に対する交渉のみならず、話し合いや根回し、協力要請、アドバイス等、様々な方法で行われます。

経営計画の策定などでは、まず各部門から重点目標や実施細目などを提出してもらいますが、それらが必ずしも整合性のあるものとは限りません。生産部門と営業部門の目標に大きなズレが見られることもあります。そうしたズレを放置したままで各部門の要望だけを聞いていたのでは、経営計画は実現性のある目標とはなりません。そこで各部門の意見を聞き、部門案の修正をして、全社的な整合性を図る必要があり、この各部門間を調整する機能を持っているのが総務部です。

◆ 全社への伝達機能

もう１つ大事な機能が、「**全社への伝達機能**」です。会社目標の全社的な意思統一には、全部門・全社員への周知徹底が必要です。**会社がどんな目的を持ち、どの方向へ進もうとしているのかを明確に示し、全社員に浸透させることで経営計画や経営方針を生き生きとした共通目標にしていくこと**も、総務部が果たすべき機能です。

このほか、目標達成に向けて計画どおりに業務は遂行されているか、部門間の調和は保たれているか等のチェック機能も有します。

総務部の「調整機能」と「伝達機能」

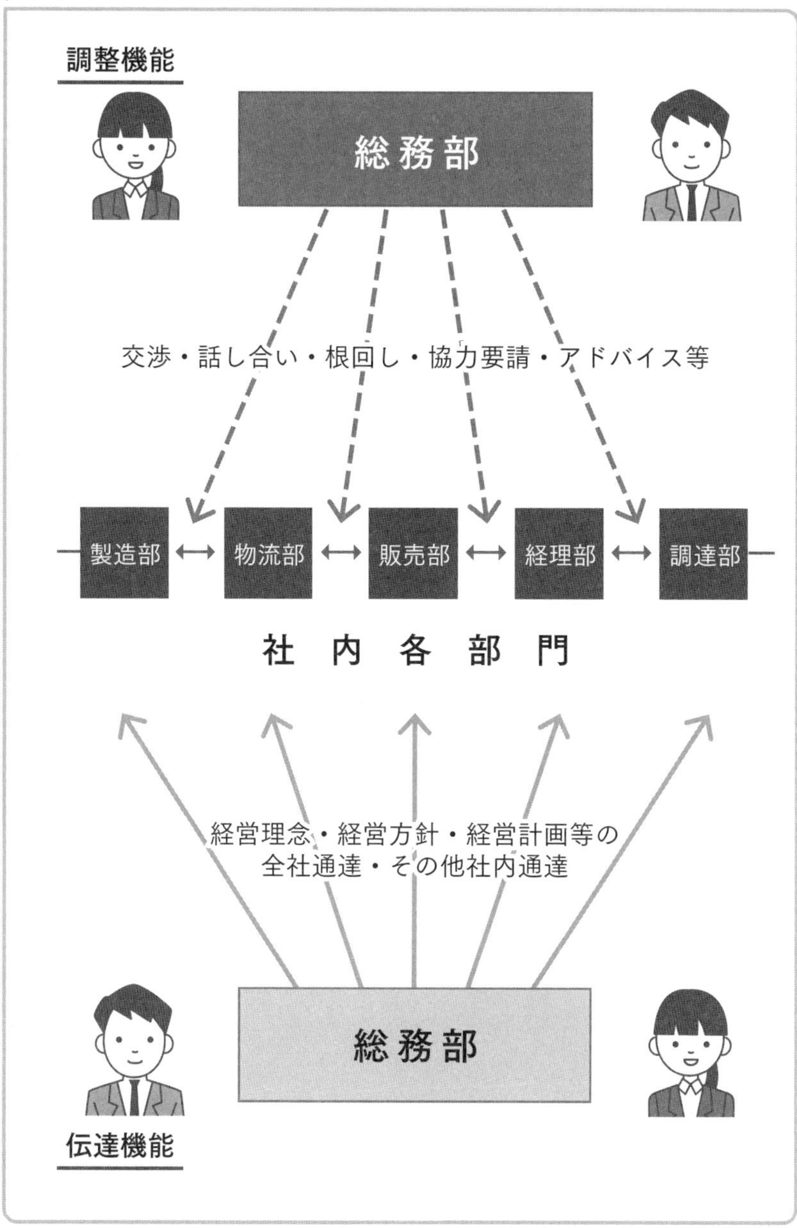

5

他部門のサービススタッフ

◆ 業務効率化や従業員満足を生み出す役割

会社組織には、直接＝ライン部門(生産や営業など直接利益を生み出す部門)と間接＝スタッフ部門（ライン部門が効率的に仕事を遂行できるようサポートする部門）があります。このうち、スタッフ部門は総務部や人事部、経理部などですが、なかでも**総務部は直接・間接に関係なく、すべての部門に対して側面からサポートする役割**を負っています。これは、各部門の人たちが仕事を進めるために欠かせない一種のサービスです。

受付業務をはじめ、不定期のサービス業務が日々総務部に要求されます。例えば、会議室の予約受付や室内の整備、飲み物の準備といったことから、出張の際の切符や宿泊先の手配、事務用品の調達、来客用の車の手配などが挙げられます。また、新しい什器を購入してほしいとか、空調機器の具合がおかしい、コピー機が壊れているといったように、オフィス環境の問題についても様々な要望が寄せられます。

他部門の人たちは、自分たちの業務に直接関係しない事柄はすべて総務が担うと思っているものです。だから、どんなことでも総務に連絡してきます。

それに対して要・不要を判断し、必要ならできるかぎりのことをするのが務めですが、単に賄うだけがサービスではありません。合理化や経費節減などを踏まえて、アドバイスすべき場合もあります。

要は、そのサービスが他部門の業務効率化に必須のものか、従業員満足の向上につながるのか、そういった前向きの視点でサービス機能を果たすことが望まれます。

他部門へのサービスの提供

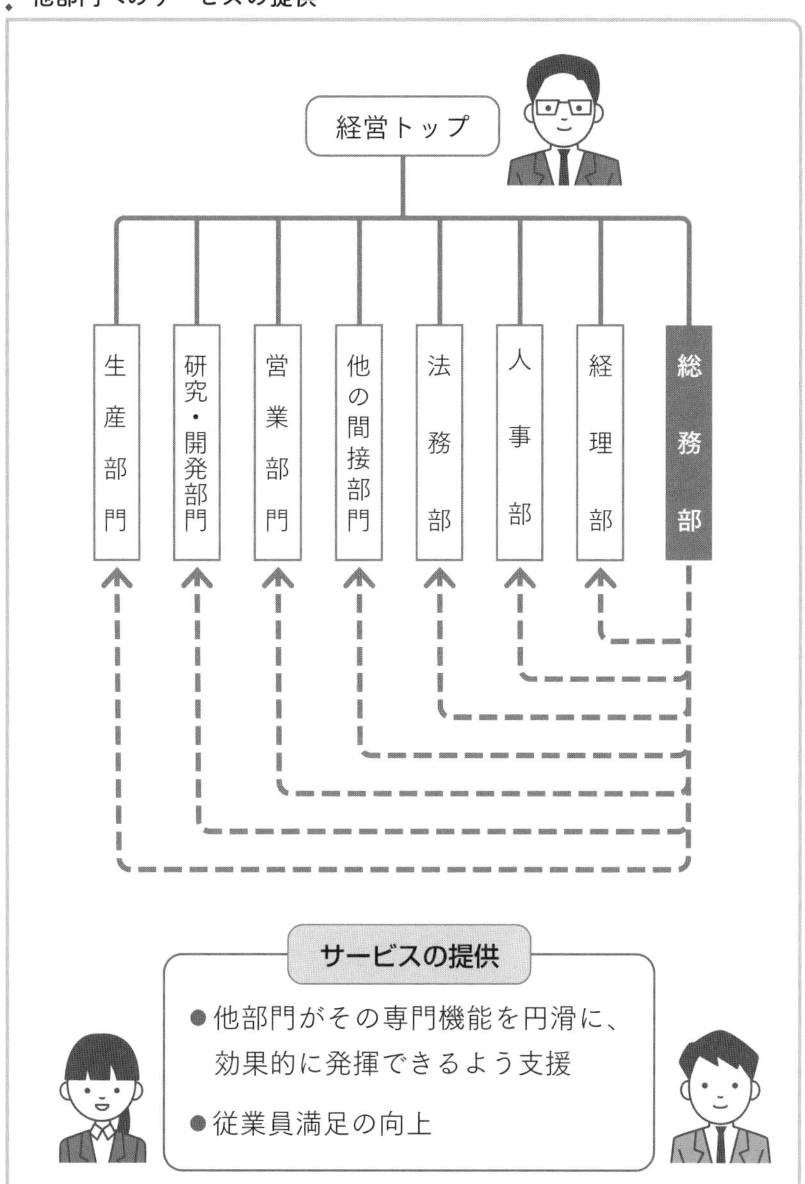

6

全社的活動の推進

◆ 自主的に取り組めるような雰囲気づくり

企業には経営活動や福利厚生活動などの一環として、それらを具体化するための全社的活動が行われることがあります。例えば、環境保護活動や健康増進運動などに取り組むことはよくありますし、改善提案活動、安全推進キャンペーンといった活動も展開されています。

こうした全社的な活動は、その目的に向けて全社員の意識を盛り上げ、自発的参加・実行を促すねらいから実施されるものです。強制ではなく、誰もが活動の趣旨を理解し、自主的に取り組めるような雰囲気づくりをするには、計画的かつ組織的な推進が必要です。その推進母体となるのが総務部です。

こうした**全社的活動を推進する場合、各部門の協力を得て活動委員会を発足させ、目標の設定、具体的な実行計画の作成、全社 PR、実行支援、進捗状況の把握・チェック、経過報告など、総務部は推進役の中心**になって全社員への浸透と活動の進展を図ります。

また、オフィス移転や情報システムの刷新など、経営活動上のプロジェクトチームがスタートする場合にも、その中心的旗振り役を担うことになります。

これは総務部の調整機能に目的意識が加味された推進機能ともいえますが、それは決して権威を持ったリーダー的行動を意味するのではなく、あくまでも裏方としての役割です。

プロジェクトのリーダーは他部門の専門的知識を持つ者に委ねたうえで、総務部は補佐役として事務局の運営に徹することになります。

全社的活動の推進・支援

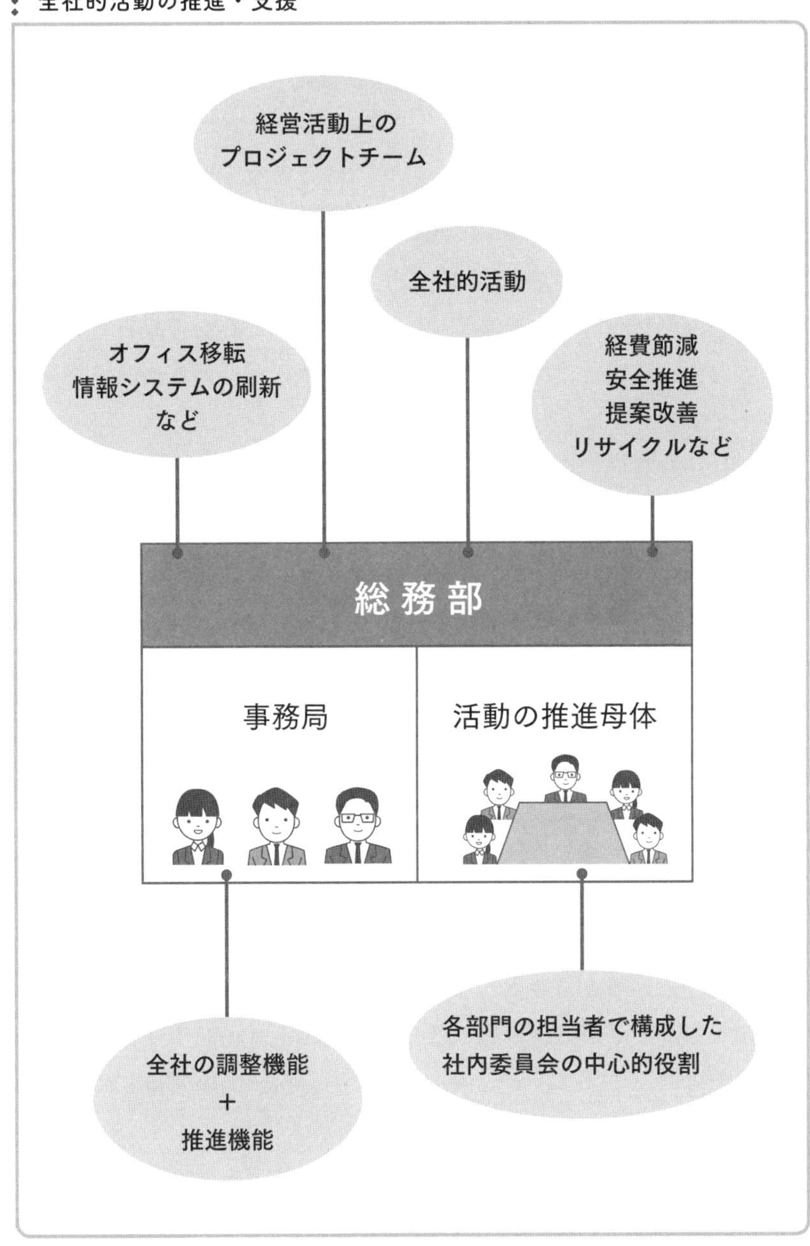

経営活動上の
プロジェクトチーム
全社的活動
オフィス移転
情報システムの刷新
など
経費節減
安全推進
提案改善
リサイクルなど
総務部
事務局
活動の推進母体
全社の調整機能
＋
推進機能
各部門の担当者で構成した
社内委員会の中心的役割

7 総務部は「企業の顔」

◆ 外部との接点となる役割

企業という組織体の第一の目的は、利潤追求です。その利潤によって社員の生活を保障し、企業規模の拡大を図り、社会貢献を行います。したがって、利潤に直接関係する部門が花形といわれるのは仕方がないかもしれません。

例えば、営業部門は第一線で活躍する企業の表とすれば、総務部は営業部門の補佐であり、裏方です。

そんな後方支援部隊でもある総務部ですが、一方では企業を代表する顔も持っています。

会社には外部から多くの人が訪ねてきます。来訪者には、まず受付を通します。その第一の応対者＝受付は総務部に所属する人間です。人材派遣会社に受付業務を委託する場合も総務部管轄で人材が配置されています。

また、外部からメールや電話等で連絡が入ります。それは取引先だけでなく、消費者など不特定多数の人からの問い合わせであることもあります。部署が特定できない場合は、まず総務部宛てで来ます。

このように外部との接点となる役割を考えれば、総務部はまさに企業の顔であり、その応対の良し悪しが会社をイメージづけると言っても過言ではありません。それは、営業など直接部門の成績さえも左右しかねないほど重要な役割といえます。

つまり、総務部は企業の顔として、第３の利潤を生む部門といってもよいのです。

外部との接点となる役割

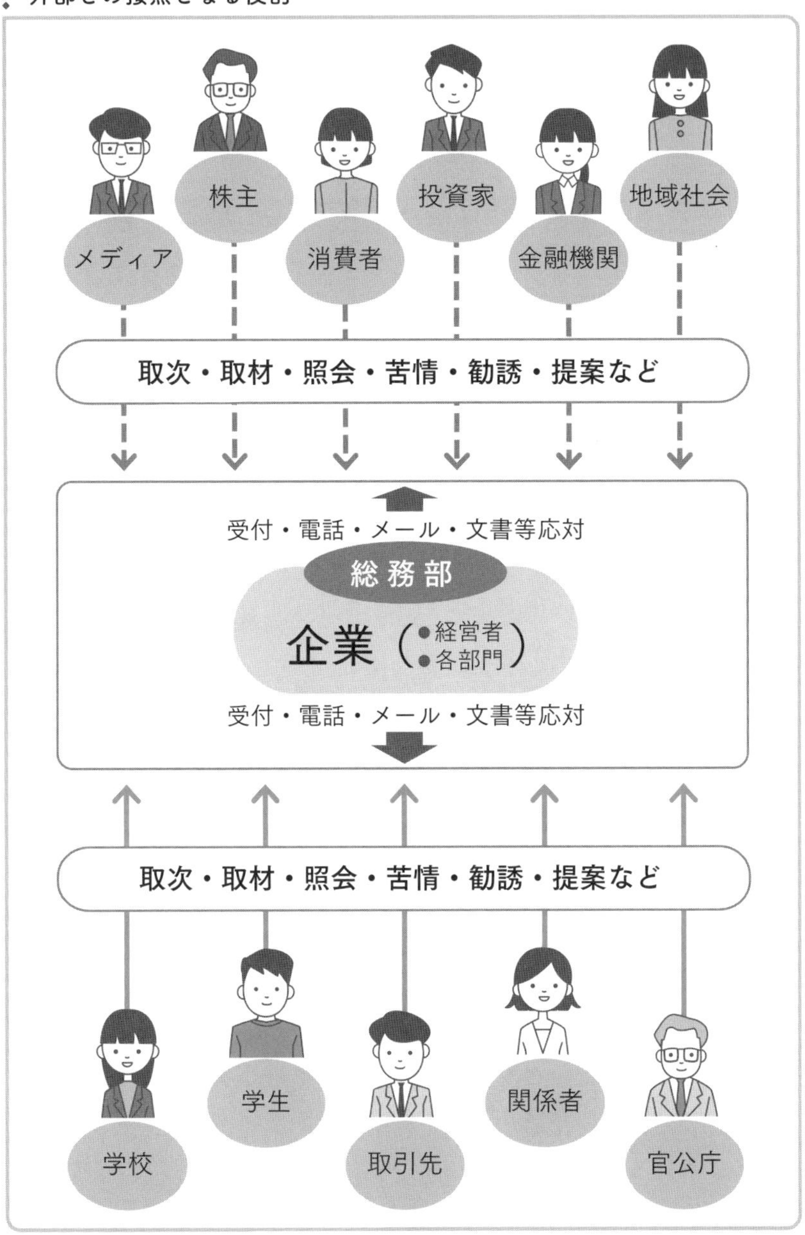

8 官公庁への対応

◆ 専門的な知識や外部協力者の知見の活用

総務業務における渉外といえば、まず官公庁との対応が挙げられます。経営活動を展開するうえで不可欠とされる官公庁との渉外事項には、登記や許認可申請、届け出などがあります。

また、折衝や情報収集、協力要請などをすることもあります。相手は、**監督官庁**、**都道府県庁**、**市町村**、**法務局**、**労働基準監督署**、**年金事務所**、**税務署**、**警察署**、**消防署**など広範囲にわたります。例えば、建物を建てる際には開発行為の許可・建築申請をはじめ、消防署による検査などが必要となります。業種・業態によっては**保健所**の承認も取らなければなりません。

従業員の雇用にあたっては労働基準法を遵守して、様々な書類を労働基準監督署に提出しなければなりません。

また、事業活動を行うにも、業種や業態により守るべき法的規制があり、規模によっては有資格者を配置することが決められています。

事業を続ける中では税務署との付き合いも欠かせません。

会社設立や商号変更、本社移転、役員変更などの際の商業登記はそのつど法務局に手続きすることが法律で定められています。建物や土地については法務局に不動産登記が必要ですし、会社の商標は**特許庁**に届け出るなど、会社の財産を守るうえでも重要な業務です。

こうした許認可や申請・手続き等は専門的な知識を必要とすることも多く、弁護士や税理士、司法書士などの協力を得て、関係書類などを遺漏なく整えることが肝要です。

官公庁や役所との渉外関係

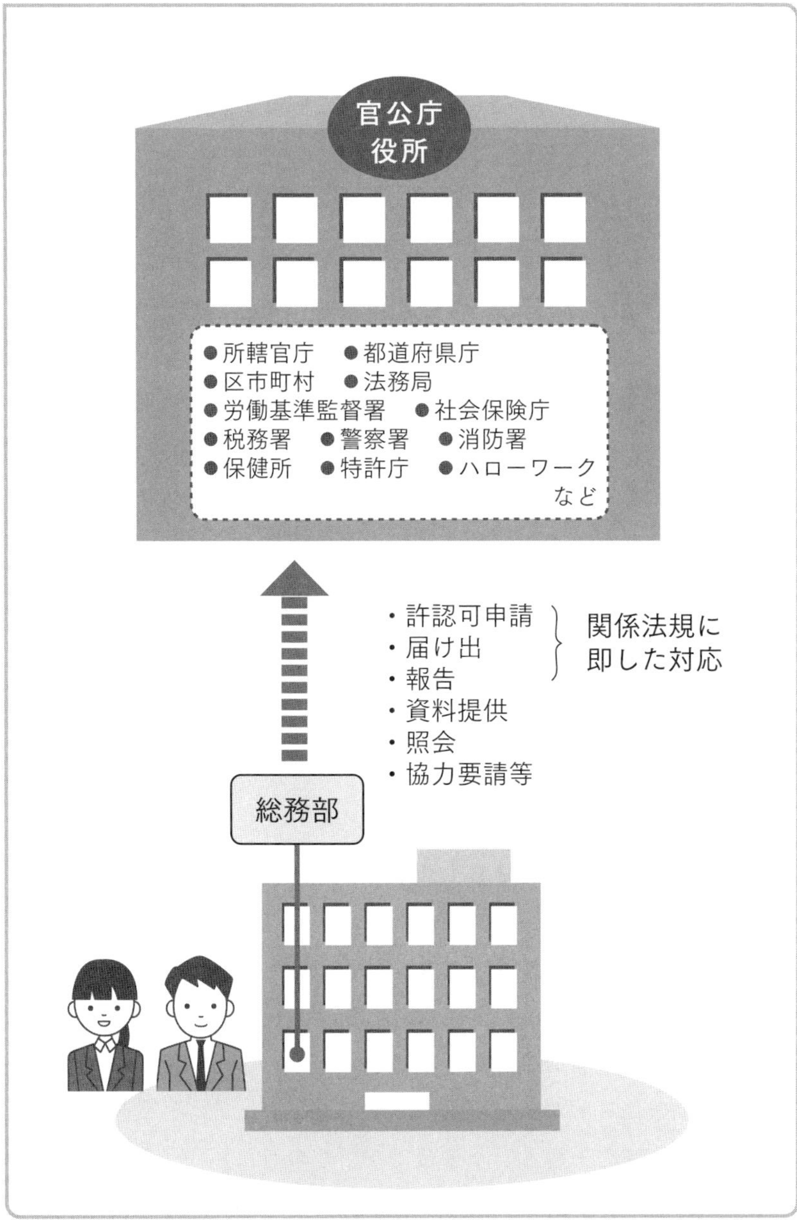

9

地域社会への対応

◆ 会社と地域の窓口

企業を取り巻く関係先で最も身近にあるのが、店舗や工場など会社の活動拠点が立地する地域です。企業はその存立基盤である地域社会の一員として、信頼され、親しまれる存在でなければなりません。そのためにも日常的な付き合いは不可欠であり、総務部はその窓口として会社と地域の橋渡し役を務めなければなりません。

その地域コミュニティ活動には様々な形があります。１つは直接的な交流です。**創立記念などの会社行事に住民代表を招待したり、市町村の行事や夏まつり・運動会といった地域行事に参加・協賛したり、プール・体育館・ホールなどの会社施設を開放するといった活動**は、多くの企業で実施されています。

また、**工場が原因となる大気汚染や水質汚濁、土壌汚染、騒音、振動、悪臭などの公害を可能なかぎりなくすことでその地域の環境を守ることも地域コミュニティ活動**の１つです。会社の利益だけを追求するのではなく、同じ地域に「生活」する者として好ましい関係を維持し、共存していくことは、企業の社会的責任からも求められることです。

このほか、**地元からの雇用促進を図り、地域社会の経済発展や活性化に寄与すること**も企業に求められますが、経済環境によっては十分な地域活動ができないこともあります。

ただ、地域コミュニティ活動はカネやモノだけではありません。**大切なのは、地域の一員**という意識です。その点から、計画的・継続的な活動が望まれます。

地域社会の一員としての役割

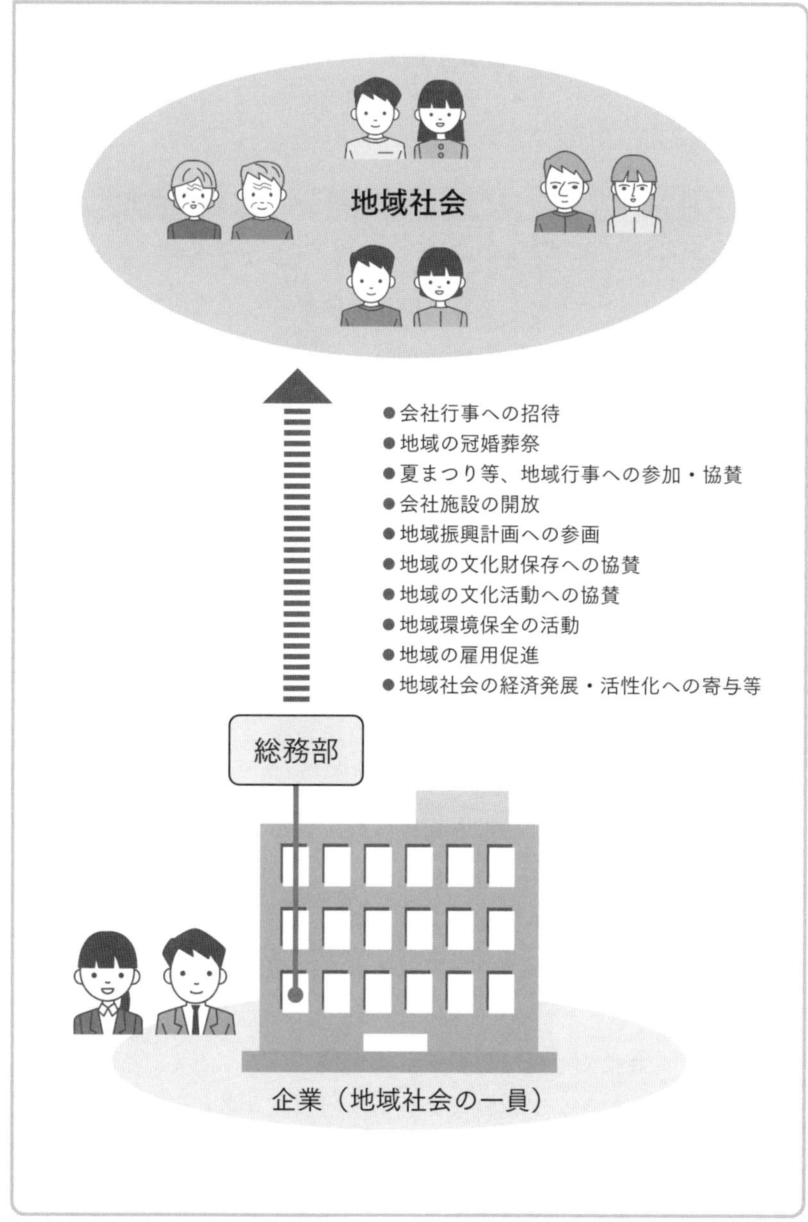

10

消費者への対応

◆ 誠実に聞く姿勢と適切な対処

経済活動はすべて、「消費者」がいることで成り立っています。特に、消費財メーカーやサービス業界は毎日が消費者との直接対面であり、製品やサービスに対する消費者の質問・要望・苦情には、消費者相談室といった専門部署を設けて対応している例も少なくありません。

そうでない場合は総務部が窓口となるか、関係部署につなぐといった対応が図られます。

苦情を聞くのは心地よいものではありませんが、ここでの対応が非常に重要になります。企業の対応に満足すれば、引き続き消費者として製品・サービスの売上げに貢献してもらえますが、対応を誤り、相手を怒らせてしまっては会社のイメージダウンにつながるばかりか、相手だけでなく、その周囲にいる人々も消費者とはなりえなくなるかもしれません。

したがって、**どんな内容でも誠実に聴く姿勢、適切な対処が大切**になります。

さらに、**消費者からの要望や苦情を製品・サービスの改善や新製品・新サービスの開発に活かすチャンスとして、前向きにとらえることも重要**です。

このほか、会社や社員に対する苦情が飛び込むこともあります。このとき、企業の顔として不特定多数の人に対応する総務部は「みな消費者」の意識を持って、会社や社員に非があれば謝罪し、正すべきことは正すように説得・指導していくことも果たすべき役割になります。

消費者対応の役割

消費者

苦情・要望
問い合わせ等

お客様相談室
あるいは**総務部**

直接対応
あるいは
関係部門・関係者へ

- 丁寧な対応
- 適切・迅速な対応

- 製品・サービスの改善
  →新製品・新サービスの開発に生かす
- 良い企業イメージの構築
  →消費者の定着・その周囲への消費者層の広がり

11 メディアへの対応

◆ メディア関係者との信頼関係づくり

企業と外部との架け橋ともいえるのが、メディアです。

一口にメディアといっても通信・印刷・電波などがあり、そのカバーする領域も全国を対象とするものと、一定の地域・業界だけのものがあります。いずれにしても、メディア関係者とは良好な関係をつくっておくことが企業にとってメリットは大きいといえます。

そのための第一歩は、**会社の顔である総務部が1人ひとりのメディア関係者に信頼されること**です。

したがって、自社に関する問い合わせには「調べてみます」とポジティブに対応し、実際に調査して、できるかぎり早く回答するといった誠実な態度で臨むことが肝要です。

特に、不祥事や事故など緊急時の取材に対しては社内の調整も必要となりますが、迅速な対応が求められます。これはメディア関係者に対してだけでなく、地域住民や消費者、取引先・関係先など、企業を取り巻くあらゆる人々の信頼を得るためにも重要なことです。

メディア関係者に「あの企業の総務（広報）は嘘をつかない」と言われるようになれば、信頼関係が深まった状態といえます。その信頼感は、会社側から情報を発信する場合にも機能します。

会社からの情報発信は、企業PRや製品PRのほか、社長交代や国内外企業との提携、新製品発表などの経営情報や文化活動があります。自社を信頼しているメディア関係者は、その取り扱いにも好意的に応じてくれるはずです。

メディアとの信頼関係をつくる役割

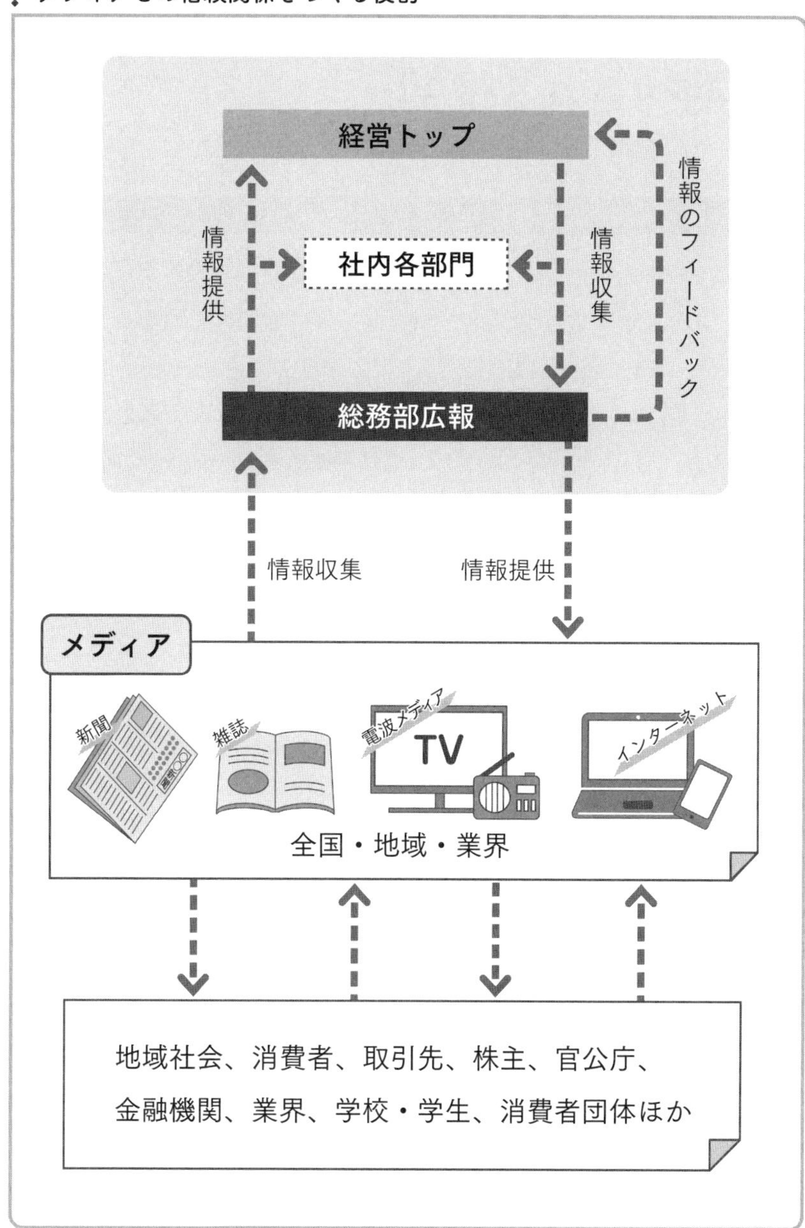

12

企業を取り巻く環境変化に期待される役割

◆ 緊急事態におけるトップの補佐役

「VUCA(ブーカ)の時代」と評される現在、企業経営を取り巻く環境は急速に変化し、それに伴い企業は未知・未経験の様々な問題に直面しています。

VUCA とは Volatility（変動性）、Uncertainty（不確実性）、Complexity（複雑性）、Ambiguity（曖昧性）の４つの単語の頭文字から命名された米国の軍事用語であり、ビジネスにおいては将来が「予測困難な経営環境」を表す言葉です。

日本企業においては、①日本経済を牽引してきた有力企業の解体や再編、②コンプライアンス意識欠如からの企業不祥事の発生、③感染症のパンデミックや国際紛争の勃発による経済活動へのマイナス影響、④喫緊の環境問題対策、⑤働き方改革に伴う制度や慣習の一新、⑥少子高齢化に伴う労働力人口減少への対策、⑧女性活躍推進の国際的な圧力、⑨ AI 等情報化の急進などが身近に起こっています。

こうした変化には程度の差こそあれ、いずれの企業も適切に対応していかなければ生き残りが果たせません。しかし、これらの変化は事前に準備できるものもありますが、予期せぬ事態として勃発するものについては企業経営に大きく影響することになります。経営者が１人で解決できる問題ではないことが多いというのが現実です。

ここでトップの補佐役として、総務部が重要な役割を担うことになります。激動・激変の時代こそ総務の出番といわれますが、未知・未経験の問題に直面したとき、**緊急時における有用な情報収集や渉外・折衝活動にこそ、総務部にその手腕が期待される**のです。

企業環境変化への総務部の対応

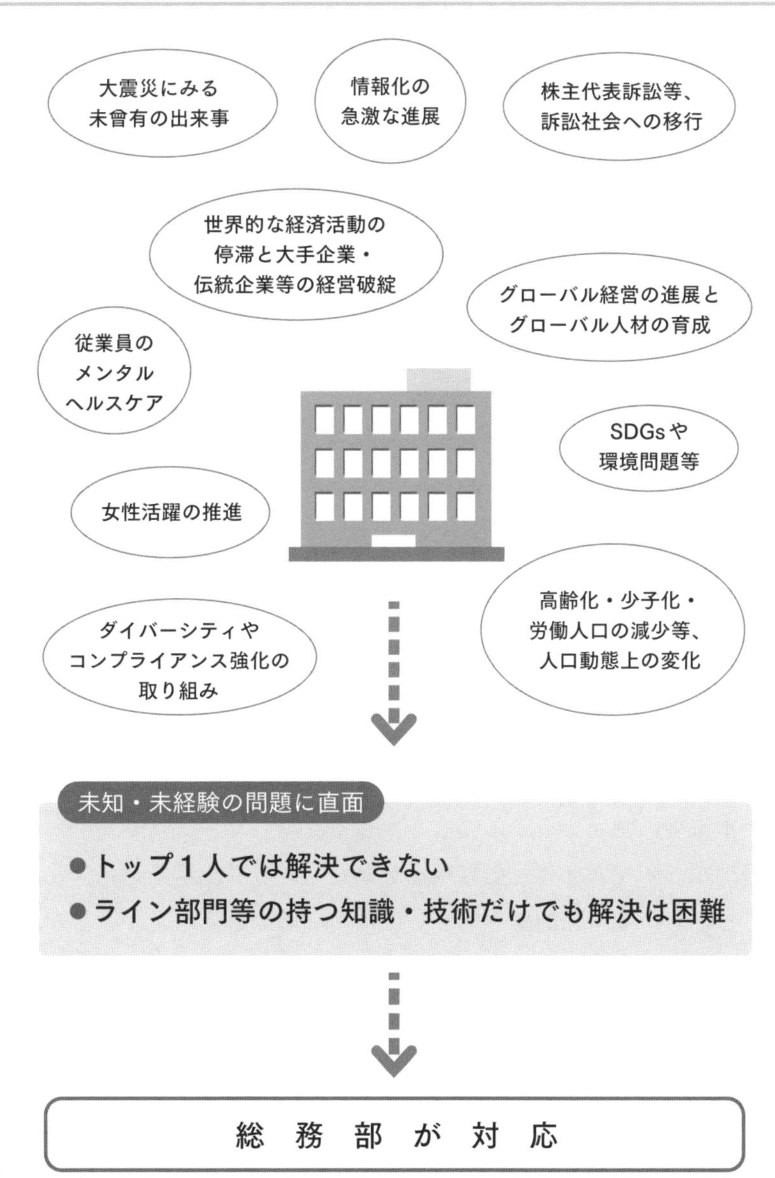

13

総務部門の合理化

◆ 機能を強化する観点からの業務の見直し

効率的な事業活動の推進を目的に、企業のあらゆる部門で業務の合理化が進んでいます。これは長引く経済低迷と景気の横ばいの中でリストラに取り組んだ結果であり、アウトソーシングの活用で徐々に業務の外部委託が進んだためでもあります。

アウトソーシングは、これまで総務部が他部門に助言や支援することで促進してきましたが、総務部自体も日常的な庶務業務を中心に総務業務の合理化が喫緊の課題となっています。

総務部は労務や広報、情報システムなどの機能分化を繰り返してきた経緯を持ちますが、アウトソーシングによりさらなる合理化が進んでいます。このとき、単に合理化を進めるのではなく、**アウトソーシングするにあたって、総務の本来の役割は何かを自問自答してみる絶好の機会**でもあります。つまり、あとに残った業務が総務部が果たすべき本来の役割ということになるからです。

極端なことを言えば、総務組織をなくしても「総務業務」は残ります。しかし、完全に組織を無くしては司令塔はどこに属することになるのでしょうか。そう考えると、**総務部はスタッフ部門の要として適切な組織形態として機能させることが重要**であることが理解できると思います。

改めて総務部は企業経営の要であることを認識すれば、**機能を弱めるようなスリム化ではなく、経営強化のための合理化という観点からその業務を今一度よく確認することが重要**になります。

総務部門の合理化により求められる役割

総務機能	機能分化	アウトソーシング可能業務
経営方針・経営計画	社長室・経営企画部	企画立案
関係会社管理	関連事業部	
法務業務	法務部	法務全般
広報宣伝業務	広報部・宣伝部	広報PR・宣伝活動
文書管理・事務管理		文書作成・集配
情報システム化	情報システム部	システム構築ほか
内部監査業務	監査部	
オフィス・建物管理		オフィス改善・建物管理
庶務業務		行事・イベント企画・運営
人事管理	人事部	採用業務
福利厚生業務	人事部	福利厚生全般
教育・能力開発	人事部・教育部	教育研修

総務部の合理化

総務に残る機能は全社の核となって
経営を支える役割➡戦略的参謀機能

14

総務部門による全社DX化の支援

◆オンライン環境の中にいかに人間味を残していくか

かつて、情報ネットワーク化の進展は、組織を変え、仕事を変え、働き方を変えると言われました。実際に、大量の情報が迅速に発信されることで情報の共有化がなされ、組織のフラット化が進みました。仕事は機能的・効率的になり、さらにネットワーク環境の進展で、社内にいなくても仕事は滞りなくこなせるようになっています。ここにとどまらず、AIなどにその兆候が見られるように、ITのビジネス活用は現在では予測がつかないほど発達と浸透を図っていくのでしょう。

そうしたなかで、あらゆる企業がより効率的・より快適なネットワーク環境に基づいたDX（デジタルトランスフォーメーション）に取り組んでいます。その中心になるのは情報システム部門ですが、総務部にも重要な役割があります。

情報システム部門というのは一般に専門家集団であり、開発・設計などの技術的な業務支援はできても、**どの部門でどの業務に活用していくかは全社・各部門の業務を熟知している総務部のアドバイスが必要**になります。また**総務部には、端末を操作する従業員のPCスキルを高め、効率的な活用を全社的に推進していく役割**もあります。

もう1つ、総務部として果たすべき役割があります。それは、適切なコミュニケーション活動の推進です。メンバー同士がオンラインで業務が完結できるようになる中で、**「対面」「非対面」でのコミュニケーションの中に人間味のあるやり取りとは何かを考えていくことも、総務の役割**として認識してほしいと思います。

DX化の推進と総務部の役割

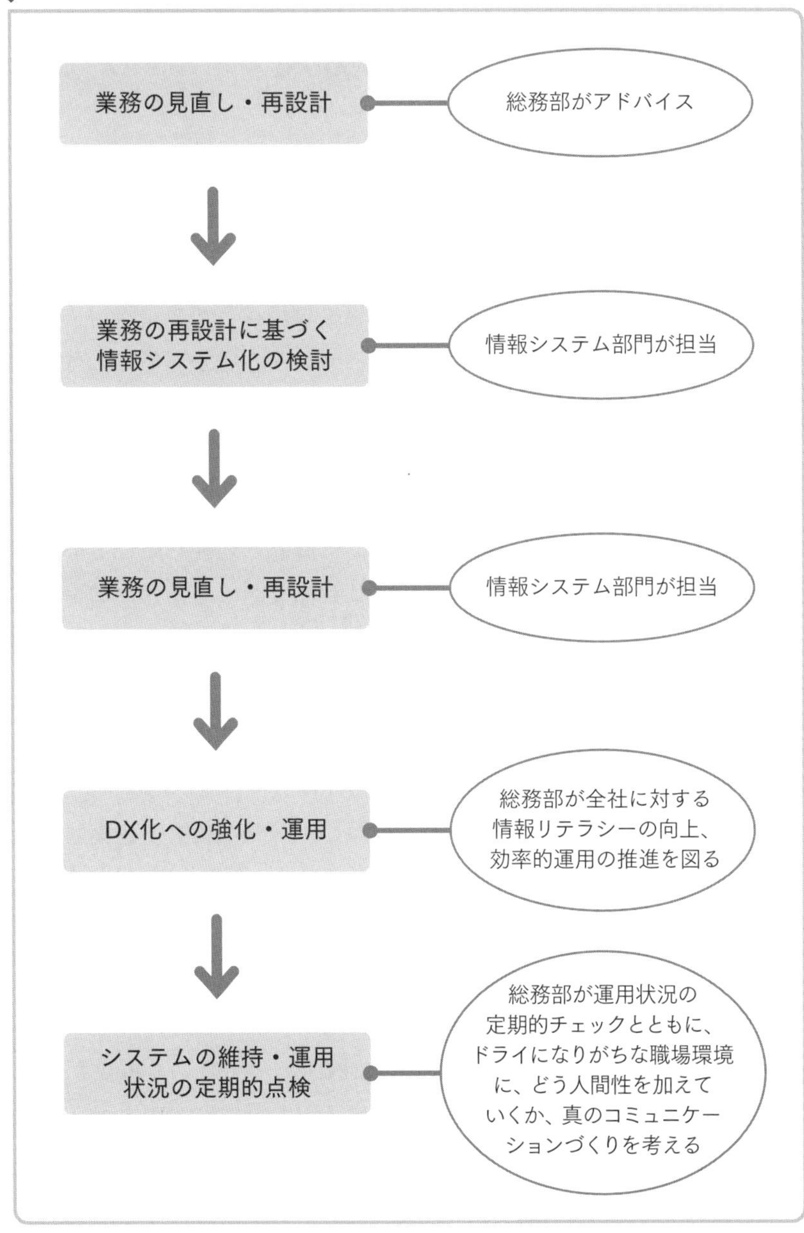

15

戦略型総務への成長

◆ 企業永続のために存在意義のある役割を発揮

総務部は社内のサポート部門という役割から「守り」のイメージが強いといえます。しかし、企業を取り巻く環境は、めまぐるしく変化しています。そうした時代だからこそ、**サポート役から発展して、組織の司令塔といった役割を果たす**ことが求められます。

例えば、先に挙げたようなVUCA時代の変化についても、トップの指示があってから動くのでは期待に応えることができません。総務部自らが環境変化を敏感に察知し、どんな問題が内在しているのか、企業にどんな影響を与えるのかを的確に判断するスキルが必要です。

さらに、社内外から収集した情報を分析し、トップや他部門に事実情報に基づいた適切なアドバイスを行い、行動を促します。

こうした**大所高所から社内外を眺め、その変化に適切に対応する戦略型総務が、これからの総務部のあり方**です。

要するに、単なる事務処理能力ではない、情報収集力、企画力、交渉力、そして経営センスといった意識や力量を持った総務部です。それと同時に、社内外の情報発信基地としての役割も求められます。

このように、**情報の集積基地として機能し、自ら考え、提案し、改革を促す戦略型総務は、トップをはじめ他部門の事業推進に大きく貢献する**ことになります。「企業は永遠に続くもの」という概念がことごとく覆される昨今、たとえ小粒でも確固とした存在意義を持った戦略型総務部が機能することが、企業を社会的存在として永続的に導くためにとても重要なことは論を俟たないでしょう。

戦略型総務への成長

従来の総務部

主に事務処理能力 ＋ サービス精神

経営トップ、各部門が仕事をしやすいようにサポート

戦略型総務部

能動型・戦略型
[司令塔の役割→情報提供・アドバイス・提案]

- 情報収集・分析力
- 問題発見力
- 企画力
- 交渉力
- 経営センス
- 事務処理能力
- サービス精神
- その他

トップの真の参謀として戦略を立案
経営資源の戦略的な組み合わせを策定し、
各部門がその専門機能を最大限に発揮できるよう統括

Column 日米の「総務部」の違い

日本の総務部の多くはバックオフィス業務全般を取り扱う役割を担いますが、アメリカでは専門職的な位置づけとして機能しています。総務部の名称はGeneral Affairs Department、直訳すると「全般業務部」となります。つまり「総務部」ですね。

しかし、その役割は日本とは少々異なります。アメリカ企業の多くは、働き手1人ひとりに数値での生産性が求められます。総務部員もご多分にもれず、数値結果が求められます。

例えば、オフィスの賃料や事務機器類のリース代などは単にコスト節減ではなく、会社としての生産性にどれだけ貢献しているかが示されなければなりません。

また、従業員の採用やリテンションにどれだけ成果をあげているかというHR（Human Resource）の評価がなされたり、社員が自律的に働ける環境であることなどから会社へのロイヤルティが高まる従業員エクスペリエンスにどのように貢献しているかといったことも評価の対象になったりします。

いわば、「総務のプロ」としてパフォーマンスを発揮することが最大の役割だということです。

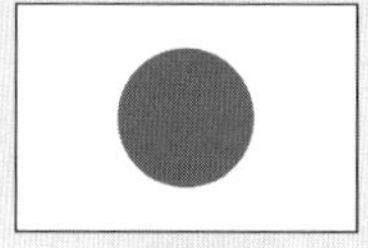
総務部

General Affairs Department

第2章

総務部の年間活動スケジュール

総務部年間カレンダー

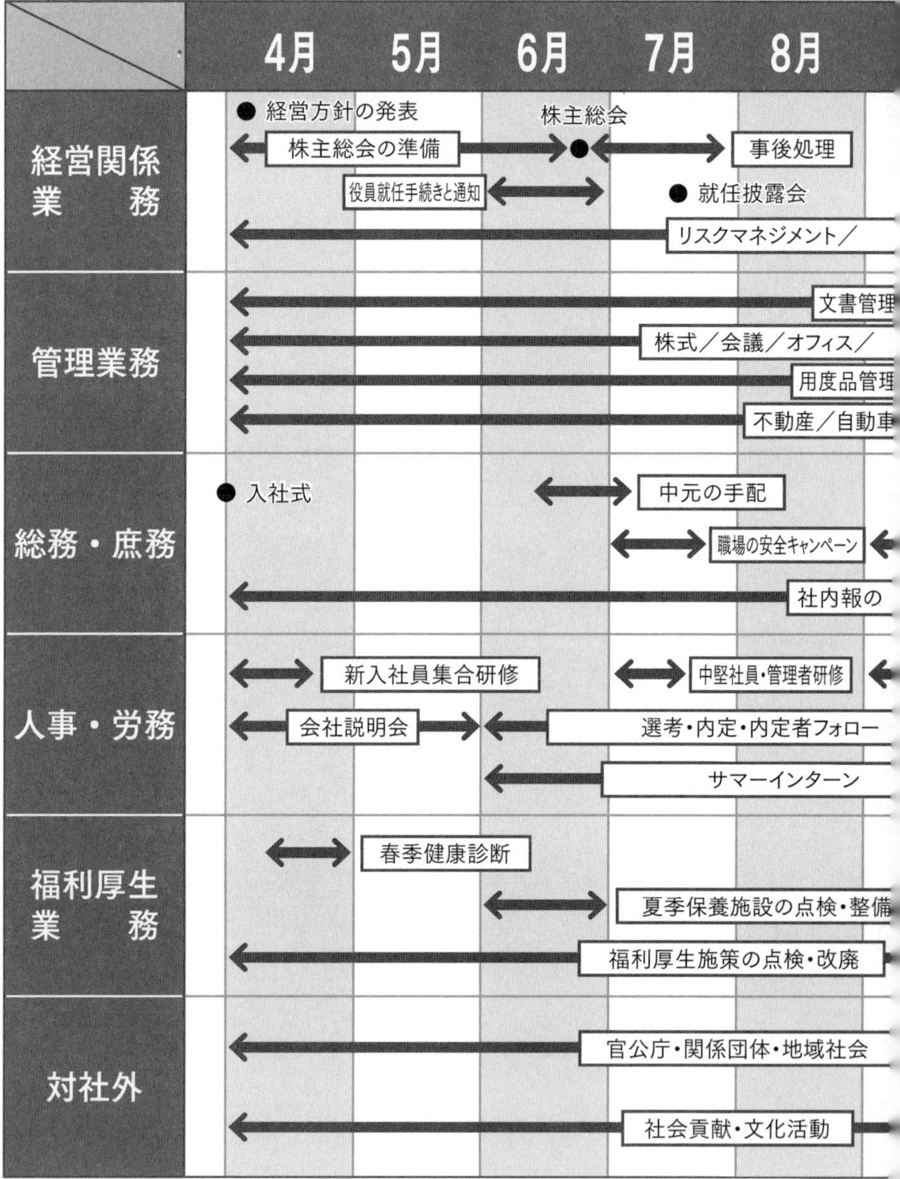

4月
5月
6月
7月
8月
経営関係業務
経営方針の発表
株主総会
株主総会の準備
事後処理
役員就任手続きと通知
就任披露会
リスクマネジメント／
管理業務
文書管理
株式／会議／オフィス／
用度品管理
不動産／自動車
総務・庶務
入社式
中元の手配
職場の安全キャンペーン
社内報の
人事・労務
新入社員集合研修
中堅社員・管理者研修
会社説明会
選考・内定・内定者フォロー
サマーインターン
福利厚生業務
春季健康診断
夏季保養施設の点検・整備
福利厚生施策の点検・改廃
対社外
官公庁・関係団体・地域社会
社会貢献・文化活動

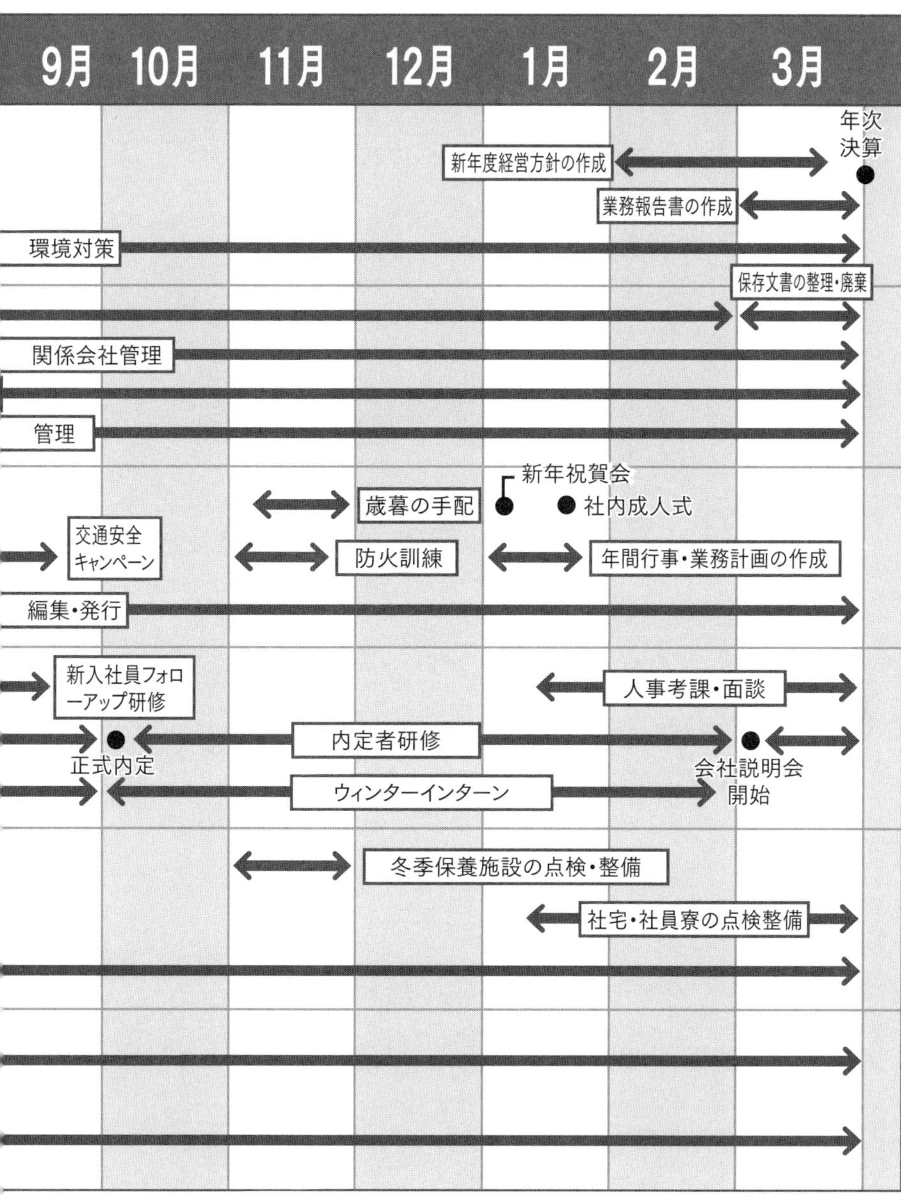

9月
10月
11月
12月
1月
2月
3月
年次決算
新年度経営方針の作成
業務報告書の作成
環境対策
保存文書の整理・廃棄
関係会社管理
管理
新年祝賀会
歳暮の手配
社内成人式
交通安全キャンペーン
防火訓練
年間行事・業務計画の作成
編集・発行
新入社員フォローアップ研修
人事考課・面談
内定者研修
正式内定
会社説明会開始
ウィンターインターン
冬季保養施設の点検・整備
社宅・社員寮の点検整備

4月の主な業務

日・曜日 ＼ 主な業務予定項目	新入社員入社式	新入社員オリエンテーリングの実施	新入社員集合教育の実施	新年度経営方針の発表	組織の改正と発表	役職者の任命式	株主総会の準備	決算役員会の準備	創立記念日・永年勤続者表彰式	メーデーの準備と対策	各職場会議の実施	新入社員歓迎会の実施	各種レク活動費の割当	春季健康診断の実施	大型連休への対応	春季防火対策の検討・実施	提案の集計と発表	社内報の編集と発行	社会行事
1(　)																			エイプリル・フール
2(　)																			
3(　)																			
4(　)																			
5(　)																			
6(　)																			春の全国交通安全運動
7(　)																			世界保健デー
8(　)																			
9(　)																			
10(　)																			婦人週間
11(　)																			
12(　)																			
13(　)																			
14(　)																			
15(　)																			
16(　)																			
17(　)																			
18(　)																			発明の日
19(　)																			
20(　)																			
21(　)																			
22(　)																			
23(　)																			みどりの週間
24(　)																			
25(　)																			国連記念日
26(　)																			
27(　)																			
28(　)																			
29(　)																			昭和の日
30(　)																			

16 新年度経営方針の発表

◆ 全部門の全社員に対して周知徹底

４月、多くの企業では新年度を迎えます。この年度始めに会社の今期経営方針を発表します。

経営方針は経営計画に基づき、新年度の基本方針をはじめ、利益計画、生産計画、販売計画、設備投資計画、人事計画などを具体化したものですが、全社員の業務活動の指針となるものなので、**経営幹部や管理職、あるいは関係部門だけでなく、全部門の全社員に対して周知徹底を図る**必要があります。

したがって、年度の始めに全社員を一堂に集め、その場で発表することが望ましいでしょう。

しかし、社員数が多くて集合が難しい場合や様々な勤務形態の場合、また一時的にせよ業務をストップできない場合もあったりします。そうしたときはオンラインで行ったり、口頭説明が必要な場合は部課長など管理職を招集した会議で詳しく発表を行い、それぞれの職場ごとに部課長などが部署の全員に対して、発表された経営方針を正確かつ具体的に伝達します。

あわせて**総務部では、文書で社内に回覧したり、社内メールで配付するなど、あらゆる機会を利用して全社員に経営方針の周知徹底を図ります。**

そのためにも、経営方針の内容や表現はわかりやすいものでなければならないですし、継続的に理解を求めて浸透させていく工夫も必要です。

17

入社式の準備・実施

◆ 厳粛な中にも歓迎の意を表わした温かみに配慮

新入社員を正式に迎えるセレモニーが入社式です。最も慣例化した社内行事ですが、厳しい就職戦線を勝ち抜いてきた新入社員にとっては不安と期待で迎える１日です。したがって、**式は厳粛な中にも歓迎の意を表わした温かみのあるもの**にしましょう。

会場は社内のホールや大会議室、あるいは外部のイベント会場などです。正面中央に演壇を置き、向かって右側に生花を飾ります。社長・役員の席は演壇に向かって右側、司会者は左側です。式の前後に社歌を流すなど、会場の雰囲気を盛り上げる演出も必要です。

式は開会の辞に始まり、社長あいさつ（お祝いのことば）、役員の紹介、社員代表の歓迎のあいさつ、新入社員代表あいさつ（お礼のことば、決意表明）、閉会の辞の順で進めます。いずれのあいさつも３分くらいが適当です。**式自体は短時間で要領よく行うことを原則に**します。特に、社長あいさつでは訓示めいた話を長々とやると、それでなくても社会人１日めで緊張している新入社員をますます疲れさせてしまうことになります。この場では重要なことのみを簡潔に話してもらうよう、社長には事前に伝えておきましょう。

入社式に続いて歓迎会を開く場合もあります。役員・幹部と新入社員が初めて身近に接する場です。したがって、自由に歓談できる立食形式がいいでしょう。

遠慮しがちな新入社員に対して役員・幹部のほうから気軽に話しかけるように事前に伝えておくようにします。

18

新入社員集合研修

◆ 基礎研修の場合は1～2週間が一般的

入社式が済むと、新入社員の集合研修がスタートします。ビジネスマナーや社会人の心構えなどの習得の場合、その日程は１～２週間が一般的です。

あくまで基礎研修ですから、**内容も、社員として、また社会人として最低限心得ておきたい項目に絞り、それを要領よく教えることが肝要**です。早期戦力化を期待するあまり、あれもこれもと詰め込んでも、まだ実際の業務にも携わっていない新入社員には負荷が大きく、覚えるべきことが未消化のままになり、かえって逆効果になりかねません。

研修内容は、**会社全般の理解、業務の基礎知識、企業人・社会人としての心構え、求められる態度・行動など**が主になりますが、研修スタイルは講師からの一方的な講義形式は最小限にして、できるだけ参画型・行動型学習を取り入れるようにします。

グループ討議、ロールプレイング、シミュレーション、社内見学・工場見学、パソコン実習など、受講者が体を動かす内容にすることが効果的な研修になりやすいです。

新入社員研修は外部の教育会社の利用もあります。その場合、知名度や規模よりも、その教育会社の実績や教育プログラム、講師および研修の進め方を自社のニーズに基づいて入念にチェックすることが肝要です。こちらの意向に対して、担当者が誠実に提案してくれる会社を選ぶようにしましょう。また、外部での集合研修の場合、実際の研修会場を見学させてもらうのがいいでしょう。

19

新入社員のOJT

◆ 1人の新入社員に対して1人の先輩社員を専任指導者に指名

集合研修を終えると、新入社員の各部門への配属が行われます。それから秋のフォロー研修までは各職場における実務教育の期間です。

ここでは、実際の業務を通して上司や先輩社員が指導にあたるOJT（On the Job Training）を行います。このOJTも新入社員教育の一環としてとらえ、全社的な教育計画に基づいて進めるようにします。

OJTを効果的に進めるには、1人の新入社員に対して1人の先輩社員を専任指導者（OJTトレーナー）に指名します。入社5年めくらいまでの年齢の近い社員が適切ですが、人に教えるということは自らも学ぶことになり、業務のポイントなどを再認識するという相乗効果が得られます。新入社員も何人もの社員から断片的に指導を受けるより、一貫して業務知識を習得でき、進行状況を理解することができます。

新入社員には研修日誌を毎日書かせ、それに担当の先輩社員が感想やアドバイスを入れます。これに、管理者が所見を書き添えます。毎日のことだからと対応がおざなりになっては、新入社員の士気低下に影響するので、十分な気配りが必要です。

また、**新入社員に対する指導は公平であること**も忘れてはなりません。部や課、あるいは個人ごとに対応が異なると、不信感を抱かれかねないことに注意が必要です。

そこで、総務や人事では、教育計画に基づいてOJTが進められているか、各部門の管理者や担当者の話を聞くなど、随時、チェックやサポートを行う体制を整えておきます。

20 前年度の振り返りと新年度の確認

◆ PDCA を回す

4月は爽やかな陽気と学生から社会人に切り替わったばかりの新入社員の初々しい姿に世の中が華やいだ気分にさせられるものではないでしょうか。新年度で気持ちを新たにすることを実感させられる風物詩でもあります。

気分一心の心持ちの中で、ビジネスも新年度に向けて良いスタートを切りたいものです。そこで、これから1年を俯瞰してみるわけですが、より良い1年を過ごすためには前年度の振り返りをしっかり行い、PDCA に基づいて新年度にやるべきことを確認します。

PDCA とはご承知のとおり、**Plan（計画）→ Do（実行）→ Check（確認）→ Act（改善実行）**の頭文字を取って名づけられた経営管理のツールです。当初立てた計画を着実に実行して、計画どおりの成果を出すために経営管理だけでなく、計画的に進めるあらゆる仕事に応用されています。「PDCA サイクルを回せ！」とよく言われますが、**ビジネスの成長やスキルアップを図るうえで、らせん階段をしっかりと上り続けるように PDCA を実践していくことがビジネスの基本**でもあります。

この PDCA は総務の仕事にも極めて有効です。前年度に行うべきことに対して、それぞれ評価を行い、できたものはなぜうまくいったのか、できなかったことは何が理由かを整理し、それを新年度の仕事に反映させます。**仕事のレベルアップには振り返りが大事**とされますが、PDCA を回すことで振り返りが習慣化されます。

5月の主な業務

主な業務予定項目 日・曜日	定時株主総会の準備	役員の就任手続きと就任承諾書の作成準備	新聞等への決算公告の準備	社員持株会総会の準備	新入社員集合教育の反省と次年度の対策	新任管理者研修の実施	中堅管理者研修の実施	職場懇談会の実施	春季レクリエーション大会の実施	春季社内イベントの実施	春季健康診断の実施	職場内外の安全総点検	夏の事務服・作業服の支給準備	夏季保養施設の確保と受付準備	提案の集計と発表	社内報の編集と発行	社会行事
1( )																	メーデー・憲法週間
2( )																	
3( )																	憲法記念日
4( )																	みどりの日
5( )																	こどもの日
6( )																	
7( )																	
8( )																	世界赤十字デー
9( )																	
10( )																	
11( )																	
12( )																	
13( )																	
14( )																	
15( )																	
16( )																	
17( )																	
18( )																	国際善意デー
19( )																	
20( )																	
21( )																	
22( )																	
23( )																	
24( )																	
25( )																	
26( )																	
27( )																	
28( )																	
29( )																	
30( )																	消費者の日
31( )																	世界禁煙デー

21

定時株主総会の準備

◆ 特に大切なのは日程管理

株主総会は株式会社における最高決議機関であり、毎年1回、一定の時期に定時総会を招集することが会社法で定められています。その時期は**決算日から3ヵ月以内**とされており、3月決算の企業が多い日本では、6月の後半に集中的に開催されています。

法律に基づく行事だけに、その準備と運営が非常に重要になります。なかでも大切なことは日程管理です。

株主総会は開催当日までに、実に多くの事務手続きを要します。その内容は会社の規模によっても多少異なりますが、例えば、**総会の招集通知は会日より2週間前に発送する、その通知には会議の目的とする事項を記載する**など法律で定められている部分が多いので、開催日が決定したら定款や法律に照らして関連の手続きの日程をまず確認することです。

そして、それに伴う準備を怠りなく進めることが肝要です。招集通知を発送するまでの作業量は非常に多いので、スケジュールを作成して計画的に取り組むようにします。

このほか、想定問答集を作成してリハーサルを行ったり、会議資料の作成、記念品の手配、会場の設営、マイクやプロジェクターなどの機器類の設置・点検など、準備しておくべきことは多々あります。

年間を通して会社で最も重要な行事ともいえるので、その準備・運営を担当する総務部は、**必要に応じて法務部門の協力を得ながら万全の態勢で臨む**ようにします。

22

役員就任手続きと通知

◆ 法的な手続きに留意する

株主総会では任期満了を迎えた取締役と監査役の改選が行われます。役員の選任については、その再任も含めて、すでに取締役会で内定していることですが、総会で株主の承認を得て正式に決定されます。

役員改選によって、社長交代などで代表取締役に変更があった場合は法務局に変更登記をする必要があります。

ただし、この手続きは一様ではなく、辞任した社長のその後の処遇や、新社長に就任する取締役がそれまで代表権を有していたかどうかなどケースにより登記に必要な書類も異なります。

したがって、**役員交代の法的な手続きについては専門家の指示を仰ぐか、最寄りの法務局に問い合わせ**、それによって印鑑届・印鑑証明書など事前に準備できるものは、その手配を進めておきます。

役員交代については社内外への通知も迅速に行います。社内に対しては通知文書によりますが、社長交代の場合は社内メール等を利用して全社員に何らかの意思表明が必要です。社内報にも新社長や新役員のプロフィール紹介とともにメッセージを掲載します。

取引先・関係先、金融機関、官公庁、株主など社外の関係者には就任あいさつ状を送付します。この場合、送付先については総務部がとりまとめ、重複発送がないように調整を行います。

また、新聞やホームページなどによるメディア発表が必要な場合も、新旧両社長の顔写真や経歴のほか、今後の経営方針などを簡潔に記した文書を早めに用意しておきます。

23

禁煙促進活動

◆ 社員の喫煙状況を定期的に把握し、対策を打つ

2012年以降に生まれたZ世代はもちろん、2000年以降に成人になったミレニアル世代の人もかつての職場にはタバコ用灰皿が置かれていたことが信じられないことと思います。

昭和から平成初めにかけてはオフィスでも会議室でも、また役所や銀行の窓口カウンターの奥ではタバコを吸いながら業務を執る男性職員の姿が一般的に見られていたものです。

それが喫煙と健康の問題が議論される風潮の中、高齢化社会が必至の日本において国民の健康を増進して健やかな社会生活を送れることを目的として**2003年5月に「健康増進法」（厚生労働省所管）が施行**されました。同法に**「受動喫煙防止」の章が設けられた**ことで、にわかにオフィス内をはじめ不特定多数の人が集まる施設や交通機関等での喫煙が制限され、同法施行時に成人男性の半数近くいた喫煙者が令和に入る頃には3割弱へと減少していますが、健康経営が叫ばれる現在において4人に1人が喫煙者という事実を無視することはできません。

現在のオフィス環境は禁煙を前提に喫煙場所が設けられたりはしていますが、その措置に安心せず、**総務では社員の喫煙状況を定期的に把握し、1人でも多くの禁煙者を増やす活動を推進**します。施策の1つとしては**定期健康診断時の禁煙指導**などがありますが、禁煙への取り組みに金銭的支援を行ったり、会社の方針として禁煙宣言を行うなども有効です。企業によっては喫煙者の採用を行わないところもあることなどを啓蒙するのもよいかもしれません。

6月の主な業務

日・曜日 ＼ 主な業務予定項目	株主総会の開催	新役員就任挨拶状の発送	社員持株会総会の開催	新任管理者合宿訓練の実施	自己申告書の提出と整理	定期採用選考の開始	サマーインターンの開始	暑中見舞用ハガキの手配	中元贈答品の決定と発送準備	夏季厚生施設の利用受付開始	夏の健康管理キャンペーンの実施	冷房機器の点検・試運転	「夏まつり」等への企業参加の準備	提案活動の集計と発表	社内報の編集と発行	社会行事
1（ ）																衣替え
2（ ）																
3（ ）																
4（ ）																歯の衛生週間
5（ ）																世界環境デー
6（ ）																
7（ ）																
8（ ）																
9（ ）																
10（ ）																時の記念日
11（ ）																入梅
12（ ）																
13（ ）																
14（ ）																
15（ ）																
16（ ）																
17（ ）																
18（ ）																
19（ ）																
20（ ）																
21（ ）																
22（ ）																夏至
23（ ）																オリンピックデー
24（ ）																
25（ ）																
26（ ）																
27（ ）																
28（ ）																
29（ ）																
30（ ）																ハーフタイムデー

24

定時株主総会の開催

◆ 事前に準備の再点検をする

総会当日、議事が無事終了するまでは総務としても気が抜けません。会場の設営や機器の準備に怠りはないか、資料や記念品は整っているか等、事前に再点検しておきます。

受付では来場者に対し株主名簿と照合して出席資格の確認を行い、会場に誘導・案内します。およその出席者がそろったら、委任状も含めて定足数（議決権が行使できる株主の議決権の過半数のこと）を確認します。

総会は定款に定められた議長（通常は社長または会長）によって議事を進行します。

開会宣言の後、議事運営は議長に一任することになりますが、議案の説明や質問の受け応えなどは他の取締役や監査役に任せ、議長はなるべく「議長役」に専念するという形が一般的です。

議長には発言の許可、過度の発言の制止をはじめ、議事進行を故意に妨げる者に対して退場を指示できるなど強い権限が与えられています。

総会は決算の承認をはじめ、取締役・監査役の改選、事業報告、経営方針など議案ごとに出席者の承認を得る形で進められますが、特に反対がなければ1時間以内で終了します。

総会が終了したら、その経過をすべて記録し、議事録の作成を行います。議事録は、役員の改選等、決議事項の登記手続きの際の提出書類としても必要なものです。本社に備え置き、閲覧を希望する人に対応する準備もあわせて進めます。

25 役員就任披露会の開催

◆ 目的に沿った招待者に招待状を送付する

就任披露会という特別の式典を行うのは新社長が就任した場合です。社長や役員の就任は、すでにあいさつ状で関係先に伝えてあっても披露会を開催するのは、企業 PR とか親睦といった目的があるからです。そのため、その目的に沿った招待者を決めなければなりません。

例えば、企業 PR が主要な目的なら、取引先や金融機関、メディア関係者など企業を取り巻く人々すべてを招待し、立食パーティーにします。業務上の親睦を深める意味なら、主要取引先・関連企業のトップを招いた会食形式が考えられます。

そこで、まず目的に沿って招待者をリストアップし、案内状を準備します。

その際に気をつけたいのは、招待者の漏れがないようにすること、そして現在の肩書きを確認することです。

開催日は社長就任後1カ月から3カ月を目安とし、案内状は返信を受ける日程も考えて、遅くとも開催日の1カ月前には発送します。

当日の演出は華美にする必要はありません。あくまで新社長の人柄を知ってもらい、今後の経営方針などを伝えて協力を要請することが目的ですから、派手な演出よりも、新社長・前社長、役員は言うに及ばず、部課長クラスも出席して心から接客するほうが効果的です。

また、就任披露会に代えて記念品を渡すケースもあります。この場合は株主総会後、日を改めて、社長または役員が関係先を訪れ、直接手渡すことで誠意が伝わります。

26

福利厚生施設の点検・整備

◆ 保養所や社員食堂、体育館等の社有施設の確認

福利厚生施設の点検・整備は定期的に実施するものですが、特にこの時期は7月から利用が本格化する保養所等を中心に行い、必要に応じて修繕・整備を済ませておきます。

施設・設備・備品等の一覧を作成し、建物や内部の壁・床・扉など傷んでいるところはないか、電気や給排水等、各室内やバス・トイレ、あるいは食堂の設備に問題はないか、備品は揃っているか、空調機の状態はどうかといったように、点検項目を1つひとつチェックして、修繕や買い換えの必要があれば早急に手配します。

こうした点検と同時に利用の受付準備も進めます。社内の各部門に保養施設の案内を通知し、希望者は個々に総務に申し込んでもらうようにします。同じ日に利用希望が重なると調整が必要になるので、利用受付は早めに行っておきます。

社内にある社員食堂についても設備の点検を実施します。特に、夏季は他のシーズン以上に衛生管理に注意を払う必要があり、設備や備品の点検と同時に調理過程の確認なども行います。

また、保養所や社内で食堂業務に携わる人たちを全員集めて、衛生管理に対する意識をいっそう高めてもらうように注意を促すことも大切です。

そのほか、夏の期間中、体育館やグラウンド等の施設を地域にも開放するならば、施設や用具の点検とともに、安全に利用してもらうための「利用上の注意事項」を作成して、利用者に供します。

7月の主な業務

主な業務予定項目／日・曜日	中堅社員合宿研修の実施	新任管理者合宿研修の実施	中堅管理者研修の実施	昇進・昇格試験の準備	サマーインターンの実施	暑中見舞いはがきの発送	安全週間キャンペーンの実施	オフィス環境の再検討	社員食堂の衛生管理の徹底	夏の健康管理対策	職場懇談会の実施	夏季スポーツ大会の実施	夏季厚生施設の利用割り振り	夏まつり等への企業参加と施設の開放	OB会総会の実施	提案活動の集計と発表	社内報の編集と発行	社会行事
1( )																		安全週間
2( )																		
3( )																		
4( )																		
5( )																		
6( )																		
7( )																		七夕
8( )																		
9( )																		
10( )																		
11( )																		
12( )																		
13( )																		
14( )																		
15( )																		
16( )																		
17( )																		勤労青少年の日
18( )																		（第3土曜日）
19( )																		
20( )																		海の日
21( )																		（第3月曜）
22( )																		
23( )																		ふみの日
24( )																		
25( )																		
26( )																		
27( )																		
28( )																		
29( )																		
30( )																		
31( )																		

27

職場の安全対策・環境整備

◆「安全週間キャンペーン」の実施

7月1日から産業災害・交通事故・火災などの災害防止をはかる「全国安全週間」が始まります。それに伴って社内でも「安全週間キャンペーン」を実施して、労働災害を防ぐための安全管理を徹底します。

工場などでは事故や災害の防止対策が練られ、日々安全に留意しています。

その一方で事務所などでは安全意識は低くなりがちですが、建物の構造や設備などが原因で事故が発生しないとは限りません。そこで、防火・防犯対策も含めて全社的に安全管理の方針を見直し、その対策を進めていく必要があります。

特定の事業や一定規模以上の企業には労働安全衛生法に基づいて事業場の安全全般を管理する「安全管理者」の設置が義務づけられ、各職場には「防火責任者」を選任しなければなりません。

職場の安全対策は法律で基準や規則が定められている以外は、各職場で働く人の声を反映させながら進めます。そこで「**安全委員会**」などを設置して、社内から設備改善への要望や環境整備に対する意見を自由に出してもらいます。その要望や提案をもとに委員会で調査・協議・検討を行い、必要な整備を進めていきます。

１人ひとりの参画意識を促すことが職場の安全対策とその環境整備の大きな推進力となります。委員会ではいつでも社員の要望などを受けられる態勢にしておきますが、職場の安全上、注意すべき事柄については文書通達や社内掲示で全社員に徹底を図ります。

28

中元贈答品の手配・発送

◆ 7月初旬から15日までに先方に届くように贈る

虚礼廃止という社会風潮のなか、お中元やお歳暮の贈答を廃止する企業が増えていますが、それでも継続中の企業も多く存在します。ここでは贈ることを前提に話を進めます。

お中元は地域差はあるものの7月初旬から15日までに先方に届くように贈るのが礼儀であり、その手配は6月から始めておきます。

まず、各部門責任者に対して、「中元贈答品送付先名簿の提出」を依頼します。その際、部門ごとの前年の履歴も添付して、今年の発送先とその重要度、希望の品物があれば品物名などを回答してもらいます。各部門から出された履歴に基づいて、総務では予算別に発送先を区分けし、品物を決めます。

何を贈るかですが、1つの組織に宛てて贈るならば、一般的ではあっても菓子や飲料など多人数で利用できるものが喜ばれます。また、一定の品物を毎年贈るというのも1つの方法です。

こうした贈り物は本来、直接持参すべきものですが、主要な得意先など直接持参するのが適当と考えられる相手以外はデパートなどから配送してもらうことになります。

この場合に忘れてならないのは、**日ごろお世話になっているお礼の言葉と品物を送らせていただいた旨のあいさつ状を別に封書で出しておく**ことです。

ただし、品物の届く日と同じか、その前日までには到着するように、タイミングを見て郵送するようにします。

29 中堅管理者研修の実施

◆ その時々の重点テーマを設けて実施

新年度がスタートして３カ月。新入社員の集合研修も済み、株主総会関連の業務も一段落したところで中堅管理者研修を実施します。

中堅管理者は企業活動の要となる存在です。企業環境の変化に対する的確な判断力、機敏な対応力、そして強い精神力とリーダーシップが求められます。もちろん、より深い業務知識、専門知識が必要なことは言うまでもありません。

しかし**研修は、単に全管理者を集めて一般的な講義を行うのではなく、その時々の重点テーマを設けて実施することが効果的**です。

「いま会社が中堅管理者に求めていることは何か」とのテーマによって、集合研修、合宿研修、外部専門機関を利用した研修など、最も研修効果が得られるであろう形態を検討します。

集合研修は特定の業務について情報交換を行い、諸々の実例を通して、その業務に対する共通の理解と認識を得るとともに、取り組み姿勢の動機づけを図ることが目的です。実態を把握したうえで、目的達成への手段を合議によって見定めていくことができます。

合宿研修は１泊２日程度で、社内の同じ分野、同じ目的を持つ者を集めて行います。時間を気にせず徹底した討議が行えることが利点で、１つのテーマの追求に適しています。

また、外部研修への派遣は、他社の管理職の仕事ぶりや意識に触れることで刺激を受けることができます。そこで得たエネルギーとやる気を職場活性化に活かすことを期待します。

8月の主な業務

日・曜日 ＼ 主な業務予定項目	夏季休暇の実施	夏季休暇時の諸設備点検	採用内定者の管理	入社前教育用資料の検討	教育担当者の合宿訓練	定期人事異動の発表準備	各種資格取得の奨励	関係先データの整理	中元贈答品のお礼状発送	「省エネ」「節減」の各課徹底	夏季の健康管理指導	夏の防犯対策	提案の集計と発表	社内報の編集と発行	社会行事
1(　)															夏の省エネ点検の日
2(　)															
3(　)															
4(　)															
5(　)															
6(　)															広島平和記念日
7(　)															鼻の日
8(　)															
9(　)															ながさき平和の日
10(　)															
11(　)															
12(　)															
13(　)															
14(　)															
15(　)															終戦記念日
16(　)															お盆
17(　)															
18(　)															
19(　)															世界人道デー
20(　)															
21(　)															
22(　)															
23(　)															
24(　)															
25(　)															
26(　)															
27(　)															
28(　)															
29(　)															
30(　)															
31(　)															

30 夏季休暇の実施と管理

◆ 全社員が一律に休暇を取るように促進する

夏季休暇の実施の仕方は企業によって様々です。1週間程度の期間を定めて全社一斉の休暇とするところもあるし、社員が希望日を申告し、決められた日数の休暇を個別に取るところもあります。

全社一斉休暇の場合は、早めに取引先や関係先に通知して、理解を得ると同時に仕事の調整をしておくことが大事です。

また、担当者が交代で出社する場合は問題ないですが、そうでないときは緊急の際の連絡先も伝えておきます。

社員が個々に休暇を取る場合は、それぞれの職場内での日程調整が必要になります。

交代による休暇取得を効率的に推進するためには、休暇期間中の業務の調整と引き継ぎの徹底、緊急時の連絡方法の確認をきちんと行っておくことです。お互いが協力し合うことで、皆が気持ちよく休めるようにします。そして、1人ひとりの休暇日程がわかる夏季休暇一覧を作成し、職場内で共有します。

欧米に比べて日本の企業の夏休みは短いと言われます。

しかし、それでも以前よりは長期化してきました。特に、若手社員ほど休暇を取ることに抵抗感を持たないようです。それを「いまの若い者は……」などと言うようでは時代遅れ。そんな管理職が見受けられたら、総務から注意喚起を促すようにしましょう。

交代制の夏季休暇であっても各職場における取得状況を把握して、なるべく全社員が一律に休暇を取るように、その促進を図ります。

31

関係先・取引先のデータ整理

◆ 正確かつ最新の状態が業務の効率化になる

８月は定例の会議や業務が比較的少ない月です。そこで、取引先・関係先の名簿やデータを整理しておきましょう。

名簿のデータベースは関係先の組織改革や人事異動によって、そのつどメンテナンスしておけば、常に最新のデータが準備できていることになります。

ですが、そうした作業は後回しにしがちです。受け取ったままの名刺もそのままだったりします。

そこで、この機会に名簿を整理し、データベースの更新を図ります。まず、**官公庁関係、業界の中央団体・地方団体、地域の行政関係、経済団体、取引先などの分野別に、住所・電話番号・FAX 番号・メールアドレス等を記入**し、さらに**役員から担当者へと職位の高い順に整理**します。個人名は、できれば過去 10 年くらいの異動の経過が一覧できる形だとよいでしょう。

人や組織に関するデータは、正確かつ最新の状態で保存しておかねばなりません。それが総務部自体の業務の効率化につながります。

関係先に案内状やあいさつ状を送付する際の宛名としても利用できるし、社内からの問い合わせにもすぐに応じられます。問い合わせがあったときに、保存状態が無秩序だと探す時間のロスにもなるし、業務のスムーズな進行を妨げることになります。

各部門のサービススタッフとしての役割を担う総務には、こうした地道な業務も多いのです。

32

夏の省エネルギーの総点検

◆ 社員1人ひとりが自分ごととして捉えるようにする

地球温暖化が危惧されるなか、夏にはエアコンなどの使用で電力需要が急増し、毎年のように電力需給の問題が発生します。エアコンに限れば夏場は設定温度を28度にするよう環境省が推奨しています（冬場は20度）。多くの事業所では28度を遵守することで省エネ対策を図っているわけですが、省エネに対する意識が社内でバラバラだと場当たり的に省エネ対策を行うことになりかねません。

そこで**総務部は夏場の省エネ推進運動を主導し、全社的活動として省エネに取り組む**ようにします。これはポスター等で告知するだけでなく、**会社のエネルギー消費を全社員に見える化**することでも啓蒙を図ります。

例えば、事業所ごとの毎月の光熱費について予実差を示すことでもよいでしょう。これだと、部門ごとの取り組み実態がはっきりと示されるので省エネへの意識の高まりにつながります。

また、省エネは地球温暖化対策等社会貢献にも資する活動です。企業全体としてはもちろんのこと、そこに所属する社員1人ひとりが社会貢献しているのだとの意識の醸成にも省エネ活動は有効です。

なお、省エネはエアコンに限ったことではありません。時間帯によっては不要な照明や工場の機械類もその対象です。**1人ひとりが省エネ意識を持つことができれば、それぞれの職場が自分ごととして無駄なエネルギー消費に敏感**になります。そうした意味で省エネの総点検を推進していきます。

9月の主な業務

主な業務予定項目／日・曜日	内定者教育資料の準備	新入社員フォローアップ研修の実施	中堅社員教育の実施	定期人事異動の発表	新任管理者研修の実施	各種教育講座の開講	各種資格取得の奨励	項目別経費の見直し	秋の防火・防災訓練の実施	秋の交通安全指導	安全運転研修の実施	「カレンダー」「手帳」の発注	秋季健康診断の実施	秋季社内イベントの準備・実施	提案の集計と発表	社内報の編集と発行	社会行事
1( )																	防災の日
2( )																	
3( )																	
4( )																	
5( )																	
6( )																	
7( )																	
8( )																	
9( )																	救急の日
10( )																	
11( )																	
12( )																	
13( )																	
14( )																	
15( )																	敬老の日
16( )																	
17( )																	
18( )																	
19( )																	
20( )																	彼岸入り
21( )																	秋の全国交通安全運動
22( )																	
23( )																	秋分の日 （22～23日頃）
24( )																	
25( )																	
26( )																	
27( )																	
28( )																	
29( )																	
30( )																	

33

防災訓練の実施

◆「防災の日」に絡めての防災訓練

毎年9月1日は「防災の日」と閣議決定されています。また、大規模建築物などに関しては、消防法第36条に基づいて、防災管理業務の実施が義務づけられているため、年1回以上の防災訓練を実施しなければいけません。

災害には地震・台風などの自然災害と火災・爆発事故などの人為災害がありますが、どちらも企業経営には重大な影響を及ぼします。こうした事態は経営リスクに直結し、特に予見のできない自然災害におけるリスクマネジメントは企業経営において重要な課題です。

自然災害に対しては「自主防災組織」を編成して、防災知識の普及や防災用品の準備、非常時の避難誘導計画の策定などに取り組みます。また、**人為災害の未然防止のために防火管理者や安全管理者の有資格者を設置**します。そして、万一に備えて、社内連絡組織や消火・避難誘導班といった役割分担を決めておきます。

防災訓練の実施は、それぞれの役割が迅速に機能するかのテストでもあります。防災全体の総責任者である総務部長は、誰がどの班に属しているかを把握し、それぞれの任務を的確かつ機敏に果たしているか、実際の状況を想定して訓練に臨むことが肝要です。

防災訓練の内容は、想定する災害によって異なりますが、基本的な訓練として挙げられるのは情報伝達訓練、消火訓練、避難誘導訓練、煙中脱出訓練、救出訓練、救護訓練などです。必要に応じて消防署などの協力を得、工場や事業所で重点的に実施しておくようにします。

34

経費支出の点検

◆ 予算執行と突き合わせて軌道修正を図る

上半期が終わる９月には各部課の予算表と照らし合わせて、経費の支出状況のチェックを行います。

各部課に対しては毎月、予算と実績を科目ごと・月ごとに集計した財務諸表を送付しています。

したがって、仮決算は本決算と比べて大変な作業ではありませんが、**単に数字の確認をするのではなく、その内容をきちんと点検し、下期に活かす**ことが大切です。

幅広い業務を担当する総務部門では、状況や情勢の変化によって思わぬ経費が出ることもあります。あるいは、臨時的なもので他の部課に予算措置をしていなかったものはすべて総務扱いとなります。

年間を通して、すべての科目を予算枠の中で処理することは難しいですが、予算執行の増減の幅をできるだけ小さくするように努めなければなりません。

そのためには、**毎月の財務諸表の数字の動きを把握し、絶えず軌道修正を行う**必要があります。

仮決算にあたっては、総務部長は各担当課長を集め、上期の経費支出状況を説明するとともに、仮決算書作成への協力、下期に向けての留意点などを指示します。

そして、各課長からは下期の見通しについて発表してもらいます。上期に予実差が生じていれば下期で調整するように求め、経費支出に対する意思統一を図ります。

35

新入社員のフォローアップ研修

◆これまでの実務体験を踏まえての実習が中心

入社半年目を迎えた新入社員を対象にフォローアップ研修を実施します。入社時の集合研修は、社会人・企業人としての基本的な知識・心構え等が中心ですが、フォローアップ研修は、これまでの実務体験を踏まえての実習が中心になります。

フォローアップ研修の主眼は、配属後の実務体験を語り合ったり、その疑問に答えたりしながら、全員の意識のレベル合わせを図ることにあります。実際の業務を経験して、仕事の仕組みや手順などがある程度理解できたところで、まっさらの状態だった入社時とはまた違った悩みや問題点、疑問点が生まれていることが多いものです。

そこで、お互いに体験談を発表し合い、率直に意見を交わし合うだけでも、自己啓発のきっかけとすることができます。このとき、人事教育担当者や先輩社員が出席して、新入社員の悩みや疑問に明確な回答を与えることも、やる気を高めるうえでのポイントです。

研修は新入社員全員を集めた形でも、数人のグループを一単位として実施するのでもよいでしょう。できれば、1泊2日程度の合宿研修にしたいものです。入社時よりも共通の話題が増え、たとえ2日でも生活を共にすることでより仲間意識が強まって共感し合ったり、反省を共有できたりするからです。

フォローアップ研修は、実務面でのスキルアップと同時にエンゲージメント（愛社精神）を高めることにも注力し、向上心やモチベーションアップを図る場とすることがポイントです。

36 交通安全対策の推進

◆「秋の全国交通安全運動」の実施

9月には内閣府や警察庁等が主催する「秋の全国交通安全運動」が実施されます。運送・運輸関連企業はもちろんのこと、日常的に業務に車両を利用している会社であっても、「慣れ」に任せて安全に対する注意がおろそかになることがあります。交通安全の徹底と事故の防止は、社有車の台数にかかわらず、車両を使用している企業にとって重要な課題です。

したがって、交通安全運動の実施期間に合わせて社内でもキャンペーンを行い、交通安全に対する社員の意識啓蒙を図ります。

社員が業務上で加害事故を起こした場合、企業にも民事上の責任が生じ、損害賠償責任を負わなければなりません。それだけでなく、事故の内容によっては会社の信用を大きく傷つけることにもなります。そうした事態はもとより、たとえ小さな事故も起こしてはなりません。

そこで、**社内で交通安全講習会を開き、交通法規や運転マナーなどの徹底**を図ります。対象者は仕事で車両を使う社員だけでなく、私用で運転することの多い社員も含め、全社員に対して交通安全の意識をしっかり持ち、ルールとマナーを守って行動するように指導することです。もちろん、歩行者としての注意、自転車走行の注意も全社員を対象に行います。

油断は誰にもあることです。交通安全標語を社内に掲示したり、社内報で特別記事を組むなど、多面的に交通安全対策を講じることが肝要です。

37

健康増進の啓発活動

◆ 心と体のトータルの諸施策の活動を推進する

盛夏が過ぎ、スポーツに丁度良い季節を迎える初秋は健康増進を社員に啓発する時期として打ってつけです。

運動することの推奨に限らず、**生活習慣病の予防や人間ドック等定期健康診断の受診、そしてメンタルヘルスに関する支援活動**等やるべきことはたくさんあります。それらを五月雨的に推奨するのではなく、**心と体のトータルの健康増進活動**を進めます。

社員を人材ではなく人財と言い表す企業があります。経営資源である「ヒト」「モノ」「カネ」「情報」のうち、特に「ヒト」を重視することを標榜した表現です。いくら「モノ」や「カネ」があっても、「ヒト」を大切にしない会社は永続しません。よって、**健康増進は経営戦略であり、経営トップが先頭に立って宣言することが肝要**です。そして、その意を受けた総務部が関連各所と協働しながら諸施策を計画し、実行していきます。

健康増進は1人ひとりがその重要性を自覚して取り組むことが極めて大事になりますが、その意識を強めるには職場内での啓発活動も重要です。健康増進にどんなことに注力するのかを各部署の管理者に認識してもらい、それを職場内で展開するなども一考でしょう。

また、メンタルヘルスとはどういうことか、その認識を全社的に啓蒙し、不調の予兆がある仲間に気遣いしたり、専門家に相談できる仕組みを整え、そうした機能や機関の利用を促すことなども啓発活動の一部になります。

10月の主な業務

主な業務予定項目／日・曜日	内定式	入社前教育用資料の準備	新入社員フォロー研修の実施	ウィンターインターンの開始	定期採用広報の準備	新任管理者研修の実施	中堅管理者研修の実施	社内人事異動の実施	職場懇談会の実施	各種経費節減の推進	各種資格取得の奨励	各種勉強会への参加奨励	図書の購入と読書の奨励	社宅・社員寮の定期点検	冬季保養施設の確保	提案の集計と発表	社内報の編集と発行	社会行事
1(　)																		法の日・労働衛生週間
2(　)																		
3(　)																		
4(　)																		
5(　)																		
6(　)																		
7(　)																		
8(　)																		
9(　)																		世界郵便デー
10(　)																		スポーツの日（第2月曜）
11(　)																		
12(　)																		
13(　)																		
14(　)																		鉄道の日
15(　)																		新聞週間
16(　)																		
17(　)																		貯蓄の日
18(　)																		
19(　)																		
20(　)																		
21(　)																		
22(　)																		
23(　)																		電信電話記念日
24(　)																		国連デー
25(　)																		
26(　)																		原子力の日
27(　)																		読書週間
28(　)																		
29(　)																		
30(　)																		
31(　)																		

38

採用内定の通知と内定者フォローアップ

◆ 正式内定は10月1日

新卒学生の採用活動は、6月後半には内定を出し終えているのが実際のところです。しかし、**現行の就活ルールでは10月1日を正式内定開始**としているので、すでに内定を通知し、入社誓約書や入社承諾書の提出を済ませている企業も、この日を迎えるまでは安心できません。学生は何社かから内定を得ていることを前提に、それまでのフォローも非常に重要です。

◆ 10月1日以降は正式内定者にフォロー対策

10月1日を越えた段階で、正式内定者には新たなフォロー対策を進めていかなければなりません。

まず、**10月1日か、それに近い日に懇談会を開き、正式内定を確認**します。その場で入社誓約書の最終的なとりまとめを行い、内定期間中のスケジュールを確認します。そして正式内定者へのフォローをしていくことになりますが、一般に行われているのは会社に関する資料の送付、内定者懇談会の定期的開催、社内行事への参加などです。

つまり、常に内定者と直接・間接にコミュニケーションをとり、来春4月の入社を待っているという会社の姿勢を示すことが第一のポイントです。

また、**学生の問い合わせに常時対応する窓口を設けておくことも必要**です。メールや電話などによって、人事あるいは総務の担当者がいつでも対応できるように準備しておきます。

39

業務推進計画の中間報告会

◆「業務推進計画の進捗状況報告書」の提出

新年度がスタートして半年が過ぎました。ここで、各部門が当初に立てた業務推進計画の進捗状況を確認する中間報告会を開催します。

その準備として、**各部門の部課長に対して「業務推進計画の進捗状況報告書」を提出**してもらいます。

「業務推進計画の進捗状況報告書」は要点を記す程度の簡単なものでかまいませんが、事前にまとめておくことで内容が適切に掌握でき、会議で詳しい説明を行うときに場当たり的にならずに済みます。

報告会とはいえ、単に報告するだけでは意味を持ちません。各部門の状況説明に対し、項目ごとに出席者の審査を受けるようにします。仮に計画どおりの進捗でなかったら、なぜ計画どおりに進まないのか、何が問題なのか、様々な意見を交わす中で参考になるアドバイスが得られるかもしれません。

また、計画そのものの練り直しが必要になることもありますし、個々の計画を修正しなければならないこともあるかもしれません。

◆下期に向けての心構えのリセットの機会

いずれにしても、**年度の中間地点での報告会を区切りにして、下期に向けての心構えを新たにしてもらうことも1つの効用**です。

なお、報告会での内容は必要に応じて社内回覧するようにします。それによって、社員全員に業務推進計画への理解を深めてもらい、全社的な目標達成意欲の喚起を図ります。

40 社内スポーツイベントの実施

◆「体力つくり強調月間」に合わせた施策

10月は政府が推進する「体力つくり強調月間」にあたり、これに絡めて、企業によっては福利厚生の一環として社内スポーツイベントを実施するところもあります。これには、**社員の健康増進を図るねらいのほか、日ごろ交流の少ない他部門との親睦を深める目的**もあります。

社内で全員が参加して行うスポーツイベントといえば、運動会やソフトボール、バレーボール、フットサルなどがあります。会社主催の場合、総務が中心になって準備・運営を進めます。しかし全社員のための行事であることから、あくまで社員の総意を汲み上げる形で企画を立てるようにします。

そこで本人のやる気を第一の条件にして各部門から１～２人程度担当者を選出してもらい、実行委員として協力を依頼します。その担当者に所属部門の希望をまとめてもらったうえで、どんなイベントにするか実行委員会で検討するといいでしょう。

競技・日程・場所等が決まったら、参加チームのまとめと対戦組み合わせ、用具の準備、賞品や飲食の手配、競技終了後の表彰式・懇談会の設定などについても打ち合わせます。会場係、進行係、用具係、審判係、記録係、賞品係、救護係などの役割も実行委員が分担し合い、準備から当日まで、それぞれの役割を責任を持って行ってもらいます。

実行委員会での決定事項は社内PRを行い、全社員の積極的な参加を促し、当日の注意事項も参加者全員に周知します。万一、けが人が出た場合の対応策を講じておくことも必要です。

11月の主な業務

主な業務予定項目／日・曜日	採用内定者入社前教育の準備と実施	新入社員フォロー研修の実施	新任管理者・監督者の合宿訓練	就活イベント計画	中堅社員研修の実施	各種資格取得の奨励	各種経費節減の推進	歳暮贈答品の手配	年賀はがきの手配	カレンダー・手帳の配付準備	秋の防犯・防火・消火訓練の実施	「仕事」に関するアンケートの実施	冬季保養施設の確保	提案の集計と発表	社内報の編集と発行	社会行事
1( )																教育文化週間
2( )																
3( )																文化の日
4( )																ユネスコ憲章記念日
5( )																
6( )																
7( )																
8( )																
9( )																全国火災予防運動
10( )																
11( )																世界平和記念日
12( )																
13( )																
14( )																
15( )																七五三
16( )																
17( )																
18( )																
19( )																
20( )																
21( )																
22( )																
23( )																勤労感謝の日
24( )																
25( )																OLの日
26( )																
27( )																ノーベル賞制定記念日
28( )																
29( )																
30( )																

41

次年度定期採用の準備

◆ できるだけ門戸を広く開いて就活生にアプローチ

採用活動は、会社の要員計画に基づいて行われます。次年度の採用予定職種や人数などの概要が決まったら、採用活動のスケジュールを立て、すぐに準備に入ります。

具体的には、採用広報や会社説明会、インターンシップを実施する日程も前年の状況などを参考にしながら決定していきます。

次年度に向けての採用活動は、まず会社の採用広報から始まります。その一般的な方法は、特に新卒者を対象にした場合、学校への PR と就職情報サイトへの情報掲載などのほか、個別に DM を送ることも並行して進めます。

こうした情報をもとに学生から資料請求が届きます。

それに対して会社案内などの資料を送付しますが、ここで留意したいのは学校名や性別で対応を変えないことです。応募者数が多い企業では採用効率化のために特定大学以外の学生を選考から外す学歴フィルターをかけたり、性別で足切りをしていたりするところもあると聞きます。

しかし、**できるだけ門戸を広く開いて多様性のある人材を吟味して採用することがこれからの経営には重要**だとされています。**学生1人ひとりの潜在力を見極めるためにも、セミナーや説明会への参加に公平性に欠く条件を設けるのは控えるべき**です。

従業員エンゲージメントの観点からも採用活動から学生からのエンゲージメントを得るようにしていきたいものです。

42

歳暮贈答品の手配・発送

◆ 11月初旬には手配し、12月の初旬から20日頃までに贈る

お歳暮を贈る時期は、12月の初旬から20日頃までです。

したがって、その手配は11月初旬に済ませておきます。時期が異なるだけで、手配から発送、あいさつ状の郵送などは、お中元のときと同じです。

各部門長に「年末贈答品送付先名簿」の提出を求め、今年の発送先とその重要度、希望の品物などを回答してもらいます。

それに基づいて、総務部では予算別に発送先を分けて品物を決め、デパートなどに発送の手配をします。直接持参する場合以外は、別にあいさつ状を郵送しておきます。

昨今は経費節減や虚礼廃止により、お中元・お歳暮などの贈答を廃止する傾向にあります。

しかし、お歳暮は1年のけじめということで一般にお中元よりも重視されており、お中元は贈らなかったとしてもお歳暮は贈るという企業もあります。これまで続けてきた慣習として、企業によっては全廃することは難しいといった事情もあるようです。

そこでお歳暮を送る場合、総務としては各部課と贈答先の事情を勘案しながら、お世話になった取引先や関係先への年末のあいさつとして心のこもった品物選びは工夫したいところです。

また、お歳暮の送付を万が一に忘れてしまった場合は、1月中旬過ぎに「寒中見舞い」ということで品物を送るようにします。これは、お中元を出し忘れた場合に「残暑見舞い」で繕うのと同じことです。

43

法令遵守の啓発活動

◆ 不祥事を引き起こさない風土づくりのカギ

年末に、そして年度末に向けて社内が慌ただしさを迎える時期です。今年度の業績等目標は計画どおりに進んでいるのかが気になり出す時期でもあります。

こうしたときに起きやすいのが、不祥事です。目標達成のために取引先に無理な購入をお願いする、納品日に間に合わせるために中間検査を簡素化する、場合によっては架空の売上を計上するといったことも発生しかねません。**社員１人ひとりには遵法精神があるにかかわらず、会社からの指示、上司からの指示ということで仕方なしに法を逸脱した行為に加担**してしまうケースが後を立ちません。

こうした誤った方向に社員の意識が向かないよう、不正を厳に戒めるために法令遵守の啓発を全社的に展開します。**法令遵守は社会に対する企業の使命**です。守って当たり前であることをトップが宣言し、総務部では社内の連絡媒体や部門責任者の口頭を通じてその宣言をアルバイト社員も含めた全従業員に徹底周知する支援を行います。

近年発生した企業の不祥事に見られるように、当該企業だけでなく従業員、顧客、取引先等様々な関係者にも被害が及びます。だからこそ会社は「社会の公器」と言われるわけです。

今一度、会社とは社会の公器であることを強く認識し、自社のために他社や他者を不幸に巻き込むことがないよう、法令遵守の意識が高い企業風土を強化する施策を総務部が中心となって進めることがとても重要です。

12月の主な業務

主な業務予定項目／日・曜日	年末年始各種業務の確認	新年度業務計画の準備	年賀はがきの発送	歳暮贈答品の発送	カレンダー・手帳類の配付	職場のハラスメント撲滅月間	売掛金回収促進	関係官庁・取引先への年末あいさつ	文書類の整理・廃棄	年末年始休業案内の通知	年末年始の防犯対策	年末年始の交通安全講習会の実施	御用納めの準備	初出式の準備	提案の集計と発表	社内報の編集と発行	社会行事
1（ ）																	歳末たすけあい運動
2（ ）																	
3（ ）																	カレンダーの日
4（ ）																	人権週間
5（ ）																	
6（ ）																	
7（ ）																	
8（ ）																	
9（ ）																	障害者の日
10（ ）																	世界人権デー
11（ ）																	
12（ ）																	
13（ ）																	
14（ ）																	
15（ ）																	年賀郵便特別扱
16（ ）																	
17（ ）																	
18（ ）																	
19（ ）																	
20（ ）																	
21（ ）																	
22（ ）																	冬至
23（ ）																	
24（ ）																	
25（ ）																	クリスマス
26（ ）																	
27（ ）																	
28（ ）																	御用納め
29（ ）																	
30（ ）																	大納会 （土日前営業日）
31（ ）																	

44

職場のハラスメント撲滅運動の推進

◆「職場のハラスメント撲滅月間」の推進

誰もが安心して働ける職場づくりは総務部の究極的な役割です。そのためにも、**毎年12月に厚生労働省が推進する「職場のハラスメント撲滅月間」に合わせ、全社にハラスメントのない職場づくりを啓蒙**していきます。

ハラスメントには、上司から部下に対しての暴力、強権的な指示・物言いなどの**パワーハラスメント（パワハラ）**、誹謗中傷や無視などの**モラルハラスメント（モラハラ）**、性的嫌がらせの**セクシャルハラスメント（セクハラ）**、妊娠した社員に対して不当な扱いをする**マタニティハラスメント（マタハラ）**などがあります。これらは人権侵害ともなるコンプライアンス違反です。

特に、**2020年6月の改正労働施策総合推進法（パワハラ防止法）の施行により、事業主には職場におけるパワハラ防止策を講じることが義務化**されています。

職場の心理的安全性を確立し、誰もが働きやすい会社にしていくためにハラスメント防止は徹底して取り組まなければなりません。

そのための社内啓蒙活動としては、厚生労働省が作成した職場のハラスメントの予防・解決に向けた周知・徹底のためにパンフレット、リーフレット、ポスターをダウンロードして社内掲出や社内報での告知などのほか、研修会を行うなどの方法があります。

また、他社の事例などをもとに自社独自の規程集を作成し配付することで、社員1人ひとりがどう取り組むべきかの具体策が周知できます。

45

年末の大掃除と文書整理

◆ 全社一斉に大掃除を行う日を決める

かつて年末の大掃除といえば、社員全員で窓ガラスや机上を拭いたりすることが風物詩の風景でした。

しかし、いまやそうした清掃作業は業者に委託しているのが普通で、社員はせいぜい自分の机の中や周辺を整理するくらいでしょう。

したがって、いまどきの大掃除は、オフィス内の什器・備品の整理や文書類の整理・廃棄が最も重要な作業となっています。

そこで**全社一斉に大掃除を行う日を決め、その日までに各職場内で備品や文書の整理**を進めておいてもらいます。

廃棄する文書や備品の処理は各部門で勝手に行うことはせず、あらかじめ総務が廃棄物の置き場所を指定しておき、そこに随時出してもらうようにします。

そのためにも、ゴミ袋や段ボール箱を各部門に配っておき、自治体が指定する分別方法に則してまとめておくか、回収場所に置くように指示します。

文書の整理については、会社で決めた保存年限に照らして進めるようにします。

ただ、**3月決算の企業では、1年保存の文書でも3月31日を過ぎないと廃棄できません。**

保存文書の本格的な整理・廃棄は年度末に実施することとして、とりあえず「保管期限20XX年3月末」などと段ボール箱に書いて所定の場所に積んでおくとよいでしょう。

46

新年を迎える準備

◆ 社長の「年頭の辞」の準備

仕事納めの前に、年末・年始休暇期間中の警備会社への依頼や緊急連絡先の確認などのほか、新年を迎える準備も進めておかなければなりません。**松飾りと国旗・社旗の手配、新年祝賀式の準備、年始客の応接コーナーの設置、役員の年始回りの予定表の確認と年賀用品物・名刺の用意等**を行っておきます。

この中で仕事始め式における社長の「年頭の辞」は、早めに準備しておきます。新年経営方針も含めた原稿を社長自ら書いてもらうのが一番良いですが、一般には総務部で草稿をまとめ、それに対して担当役員や社長が手直しを入れる形で作成します。

ただし、社内報に掲載する場合は、それをそのまま流用するのではなく、改めて社長に自分の言葉で書いてもらうか、インタビューしてまとめるようにします。

全国に支店や工場、営業所があり、新年の仕事始め式に全員が出席できない場合はテレビ会議やWeb会議システムを活用します。口頭で行いたいのであれば、「年頭の辞」を送付しておき、支店長や工場長、営業所長の代読によって伝達するという方法もあります。

仕事始め式は、社内のホールや会議室を会場にして行います。会場の正面に日の丸と社旗を掲げ、ステージには松の鉢か松竹梅の生花を飾って、新春らしい明るい雰囲気を演出します。

会場設営はできるかぎり年内に済ませ、当日は点検と最終的な準備だけをすればいいようにしておきます。

1月の主な業務

主な業務予定項目／日・曜日	初出式（新年祝賀式）	関係官庁・取引先への年始回り	年始客の受付	初荷出荷式	年賀状の返礼	新年度経営方針・年間行事の発表	部課・取引先の新年会	成人祝賀式	次年度各部予算獲得の準備	自己申告書の提出	昇給・昇進・昇格・異動の人事考課	各部職場会議の実施	インターンシップ参加者のフォロー	定期採用広報活動の準備	提案の集計と発表	社内報の編集と発行	社会行事
1（　）																	元旦
2（　）																	
3（　）																	
4（　）																	御用始め・大発会
5（　）																	
6（　）																	
7（　）																	七草
8（　）																	
9（　）																	
10（　）																	
11（　）																	
12（　）																	
13（　）																	
14（　）																	
15（　）																	成人式（第2月曜）
16（　）																	
17（　）																	防災とボランティアの日
18（　）																	
19（　）																	
20（　）																	
21（　）																	
22（　）																	
23（　）																	
24（　）																	
25（　）																	
26（　）																	
27（　）																	
28（　）																	
29（　）																	
30（　）																	
31（　）																	

47 仕事始め式の実施

◆ 式の準備と式次第の進行

新年の仕事始め式は以前に比べてかなり簡素化されてきましたが、新しい年のスタートを飾る行事としての重要性は昔も今も変わりありません。

当日、総務部員は他の社員よりも早く出社し、会場の点検と式次第進行の準備をします。準備完了を確認したら、一般社員を会場に入れ、そのあと社長以下役員を会場に案内します。

式は開式のことばに始まり、来賓のあいさつ、社長や役員の年頭の辞、それに続いて幹部社員の決意表明や表彰などの後に閉会のことばといった簡単な内容です。開会および閉会のことばは総務部員が担当します。

なお、全社員が出席していない場合は、社長等のあいさつを文書にして送付したり、社内報に掲載するなど、何らかの形で全社員に伝えることが肝要です。それというのも、「新年度経営方針」として会社の新年度の方向性を示唆している内容であることが多いからです。

式が終わると、役員や幹部社員、営業社員等は年始のあいさつ回りに出かけます。そのまま祝賀会に移行する場合は、会場に軽食や飲み物を用意します。この時間も、せいぜい１～２時間程度です。

総務部員を中心に後かたづけを済ませたら、いよいよ職場に戻って仕事始めです。

とはいっても、当日は年賀状の整理や年始回りの段取りを確認するなどに忙殺され、通常の仕事のスタートは翌日からとなります。

48

年始のあいさつ回りと年始客の対応

◆ 訪問の準備は年末までに整えておく

新年の仕事始め式が終わると、社長をはじめとする役員は年始のあいさつ回りに出かけます。出向く先は関係官庁や金融機関、そして主要取引先などです。訪問先の名簿と予定は年末に準備しておきます。

あわせて、年始あいさつ用の名刺や主要取引先等企業に向けては菓子折りなどの年賀の品も用意しておきます。これらの**訪問先や贈り物はきちんと記録**に残し、翌年以降に引き継いでおきます。

総務部長や総務課長も関係先に出かけ、訪問先の担当者に年始のあいさつをします。

このとき、相手が年始回りに出ていて、不在のこともあります。そうしたときは、簡単な新年のあいさつを記した名刺を用意しておき、応対に出た人にことづけるとよいでしょう。

◆ 年始客の対応はそれ相応の役職者が行う

会社にも年始客が来訪する場合の対応は次のとおりです。

役員クラスはみな年始に出かけて、応対するのが一般社員だけでは先方に失礼なこともあります。それ相応の役員、例えば専務取締役などは会社に残って、年始客の応対に務めるようにします。

年始客を迎える応接コーナーには松飾りを置き、ここにも新年であることの雰囲気を醸成しておきます。

また、**受付では年始客の来社時刻や氏名、年賀の品などを記録して、しかるべく担当者に報告**することも忘れてはなりません。

49

年間行事・業務計画の確認と社内広報

◆社内の業務調整とスケジュール管理に重要

新年にあたって、新年度の行事予定や業務計画がわかる一覧表を作成し、全社的に広報します。これは1年間の行事や業務を円滑に推進していくうえで必要なことです。

新年度はどんな行事が予定されているのか、業務計画はどうかなど、社員としても知っておきたいことであり、それを周知徹底することで、各人の業務調整やプライベートな計画の調整にも役立てることができます。

年間行事計画には、入社式や創立記念式典、健康診断、スポーツ大会、防災訓練など全社的な行事予定と、夏季休暇、年末年始休暇、土日を含めた会社の休日などを盛り込んでおきます。業務計画には、社員研修や各種会議などのスケジュールを入れます。

全体の計画を作成するにあたっては、まず各部署からも年間の行事予定、業務計画を提出してもらうようにします。それらを突き合わせて、各部署間で行事や業務日程を調整したり、行事を統合したりといった検討を行います。

こうしてまとめられた行事計画はエクセルなどで年間カレンダーなどの一覧表にして全社に通知したり、スケジュール管理アプリなどで共有します。

また、社内報にも掲載して周知徹底を図ることが望ましいですが、外部に漏れては問題があるような場合は、その情報管理に留意が必要です。

2月の主な業務

主な業務予定項目／日・曜日	新入社員入社前教育の実施	新入社員教育担当者の決定	新入社員教育担当者の研修と指導分担	新入社員教育カリキュラムの最終決定	新入社員の部・課配属検討	組織改正と定期人事異動の検討	新年度経営計画の作成	新年度・部課内業務計画の作成	昇給のための人事考課の開始	各種業務規程類の見直し	保存文書類の整理	会社建物・設備の点検と修理	社員寮・社宅等の点検と修理	経費節減運動の実施	消火・避難訓練の実施	提案の集計と発表	社内報の編集と発行	社会行事
1（ ）																		
2（ ）																		
3（ ）																		節分
4（ ）																		立春
5（ ）																		
6（ ）																		
7（ ）																		
8（ ）																		
9（ ）																		
10（ ）																		
11（ ）																		建国記念の日
12（ ）																		
13（ ）																		
14（ ）																		バレンタインデー
15（ ）																		
16（ ）																		
17（ ）																		
18（ ）																		
19（ ）																		
20（ ）																		
21（ ）																		
22（ ）																		
23（ ）																		天皇誕生日
24（ ）																		
25（ ）																		
26（ ）																		
27（ ）																		
28（ ）																		

50

新入社員の入社前研修

◆ eラーニングや通信教育などを活用

今春の入社予定者に対しては、これまで定期的に直接・間接のフォローを続けてきました。あくまでもコミュニケーションを保つことが主眼でしたが、入社時期が近づいてきた2月からは入社前研修を計画しておきます。

ただし、相手はまだ学生の身分ですから、**日程的にも内容的にも過度な負担がかからないように配慮**する必要があります。

また、入社前研修は雇用契約の効力が発生していないので、相手の同意が前提であり、義務づけることはできないことに留意します。

よって、入社前研修の内容は会社の業務に直結するものは避けるようにし、学生から社会人へのスムーズな意識転換を図ることにポイントを置いてeラーニングや通信教育などで実施するようにします。具体的には、**社会人としての心構えや会社の経営方針の理解**などが中心になります。

一方、内定者が積極的に習得したいと望んでいるのは、実際の仕事に必要なスキルや知識というデータもあります。自分の現在持つスキルや知識が実際の業務に通用するのか、不安を抱いている内定者が多いということです。

そこで、eラーニング等を通じた内定者研修では、ビジネスマナーやオフィスソフトの操作、文書の作成といった基本的なビジネススキルの習得に資する内容に注力しながら、必要に応じて内定者の不安感を払拭するようなカリキュラムを取り入れていくことも必要でしょう。

51

各種業務規程の見直し

◆ 法律改正や金額に関わるものは速やかに対応する

業務規程は経済・社会の状況の変化や業容の拡大・縮小など企業の内部事情の変化等に合わせ、絶えず現状に適した内容にしておかなければなりません。

なかでも、**法律の改正に伴う規定の変更や、慶弔金・出張手当といった金額的なものは速やかな改定が必要**になります。

しかし、例えば慶弔金見舞規程の場合、金額的なものもさることながら、その対象範囲やケースによるランク付けなども検討していくと、事前調査が必要になります。そうした見直しは他社の規程を参考にしたり、市場の平均数値を調べたりしながら１つひとつ検討していかなければなりません。

その検討・審議は、諸規程を管轄する総務担当取締役や担当部長・課長はじめ、実務に詳しい担当者で構成される「諸規程検討委員会」などで行います。その委員会での改定原案を起案して、社長に答申します。改定が決定次第、すぐに改定作業に入ります。

改定作業が済んだら、その内容を電子メールや文書通達で全部課・全社員に通知します。

この場合、単に「○○規程を改定しました。周知徹底を図ってください」といった通知だけではなく、改定した規程のポイント部分をはっきりと明示することです。また、いつから実施するのかも併記しておきます。

52

定期人事異動の検討

◆ 異動の基準や決定条件は明確にしておく

４月が新事業年度の開始という企業では、同時に人事異動を実施するシーズンです。

人事異動の目的は、①会社組織や事業変更に伴うため、②より適材適所を実現するため、③組織が硬直化しないように活性化を図るため、④人材育成のため、⑤空席補充のため、などがありますが、単に職場が変わるだけでなく、昇進あるいはその逆など、会社の職位と関連してくることもあるため、十分に検討し、慎重に対応しなければなりません。

特に、**管理職の場合はより留意が必要**です。異動によって上級職に昇格する人もいれば、現状維持の人もいます。一方では下がる人もいるかもしれません。それは本人の業績や能力、適性などに照らして判断されることですが、こうした場合に使われる人事資料は、これまでの人事評価、自己申告書、そして人事検討委員会の推薦といった総合的判断に基づいたものであることが肝要です。

人事異動は社員の最大関心事であり、社外の関係者もその成り行きに注目しているものです。したがって、誰の目にも納得できる人事でなければならず、そのためには**公正で公平な評価と判断の徹底**が求められます。

よって、異動の基準・決定条件を明確にし、関係者の合意を得ておくとともに、人事検討委員会のメンバーや人事担当者はそれに厳正に対処できる人物でなければなりません。

3月の主な業務

主な業務予定項目／日・曜日	会社説明会の開始	入社式の準備	新入社員入社前教育の実施	新入社員受け入れ態勢の総点検	新入社員教育計画の最終徹底	新入社員の部・課配属決定	新年度経営計画の策定	本年度決算準備と棚卸	定期人事異動の発表	昇給のための人事考課の実施	売掛金の回収徹底	就業規則の見直し	保存文書の廃棄と整理	春季防火訓練の実施	会社案内の作成	提案の年度集計と発表	社内報の編集と発行	社会行事
1（　）																		全国緑化運動・全国火災予防運動
2（　）																		
3（　）																		ひな祭
4（　）																		
5（　）																		
6（　）																		啓蟄
7（　）																		消防記念日
8（　）																		国際婦人デー
9（　）																		
10（　）																		東京都平和の日
11（　）																		
12（　）																		
13（　）																		
14（　）																		ホワイトデー
15（　）																		
16（　）																		
17（　）																		
18（　）																		彼岸入り
19（　）																		
20（　）																		春分の日（20日または21日頃）
21（　）																		
22（　）																		
23（　）																		世界気象デー
24（　）																		
25（　）																		電気記念日
26（　）																		
27（　）																		
28（　）																		
29（　）																		
30（　）																		
31（　）																		

53

決算事務と予算編成

◆ 決算事務では各部課に文書で報告を求める

決算事務は、予算の執行状況や問題点などの把握がポイントになります。決算にあたっては各部課に文書で報告を求め、全社分の総括を行います。経費の中で各部課長に支出権限を委譲している部分についても、その支出状況と内容説明を提出してもらいます。

こうした予算管理と収益管理を総合して決算書をつくり、その概況と部門ごとの状況を説明した報告書を作成します。この報告書は株主総会終了後、株主に送付する事業報告書の基礎資料となるものです。

また、**決算に関する書類は監査役の承認を得る必要があるので、監査役会の日程調整**もあわせて進めておきます。

◆ 予算編成は各部課から原案を出してもらう

新年度の予算編成にあたっては、まず各部課から原案を出してもらい、予算検討委員会などで全社的に検討・審議します。その後、取締役会を経て社長に答申し、正式決定を得るようにします。

全体的な予算編成では、**向こう1年間の会社の動きと社会・経済環境の変化をどこまで正確に読みとれるか、それを予算の中に、いかに厳正に適切に反映させられるかが極めて重要**になります。

総務部門においても的確な状況判断、今後の見通し判断のために情報収集にあたらねばなりません。

さらに、予算編成に対する考え方や留意点を全社員にわかりやすく伝え、予算管理意識・原価意識の高揚を図ることも必要です。

54

新年度経営計画の策定

◆ 中期経営計画に基づく単年度経営計画

経営計画には**中期経営計画**と、当面する１年間の**単年度経営計画**があります。かつて策定されていた10年先を見据えた長期経営計画はいまでは、グローバル化の進展や国際的な紛争の勃発、予期せぬ自然災害などにより経済を取り巻く環境が目覚ましく変転すること、またVUCA（ブーカ）（36ページ参照）と言われる予測不能な時代にあっては長期的な経営計画は無意味だとする企業が大半です。

そこで３～５年スパンの経済環境や業界環境の見通しに基づく中期経営計画が重視されるようになりました。これは全社的な指針となるものですが、企業環境の変化などによって部分的な修正を迫られることもあります。その修正は年度の途中ではなく、新しい事業年度に実施します。

したがって、**４月の新事業年度を前に中期経営計画の修正を行い、それに基づいて新年度の経営計画を策定**することになります。

新年度経営計画の策定にあたっては、まず各部・各課から部門ごとの計画案を求め、それを経営計画委員会で経営方針・経営目標などに照らして検討します。部門別・分野別・項目別に何度か検討と修正を加えた後、経営計画の原案ができあがります。その原案は取締役会の審議を経て、最終決定されます。

この新年度経営計画は、新年度がスタートした早々に部課長会議や支店長会議で発表されることになりますが、総務でも、あらゆる機会を通じて社員への周知徹底を図るようにします。

55

保存文書の整理・廃棄

◆ 会社法などの法律の規定に従う

会社で取り扱う文書には会社法などによって規定されている保存年限があり、ほとんどの会社では通常、「**文書管理規程**」などで重要・主要な文書の保存年限を定めています。その規程に従って、**部署ごとに文書を永久保存・10年保存・7年保存・5年保存・3年保存と区分けして段ボール箱に入れ、部署内や倉庫で保管しているのが通例**です。そうした中で、すでに保存期限が過ぎている文書、この3月末日に保存期限が来る文書を整理し、廃棄処分の手配をします。

まず、各部署に整理指定日を通知し、その日までに廃棄文書を段ボール箱にまとめておくよう指示します。段ボール箱には「保存期限切れ」「3月末期限」がわかるように朱書きするかシールなどを貼ってもらうようにします。そして、指定の場所に積んでおきます。

そのほか、個人の机の中や部署の収納庫の中に、保存年限もわからないまま文書が入っていることがあるかもしれません。そういう文書も保存年限に照らして、この機に整理しておきます。

廃棄処理は業者に依頼するか、裁断機にかけてリサイクル会社に運び、リサイクルします。機密文書については、溶解処理をします。

なお、業務の効率化と紛失防止のために、社内文書のペーパレス化を推進します。

特に、**改正電子帳簿保存法の施行により電子取引の紙保存が禁止されたため、紙と電子それぞれを適切に保管**しなければならず、ペーパレス化は喫緊の課題です。

56

会社説明会の開催

◆ 学生にエンゲージメントを感じてもらう工夫

3月は就活学生にとって本格的な採用シーズンが始まったと実感する月です。実際に企業の説明会に参加し、希望する会社の社員と直接対話できるチャンスでもあり、そうした学生に対して適切なコミュニケーションを取るために企業側は入念に準備をします。

自社にとって有為な人材を採用し、エンゲージメントを抱いてもらい、円満に退社を迎える従業員エンゲージメントの観点からも、就活学生にいかに好感を抱いてもらうか、採用担当の腕の見せ所です。

そこで大切になるのは、その内容です。いまの学生事情に通じている人事担当者が説明会の任にあたり、学生たちが気軽に質問できる雰囲気づくりをします。会社の事業内容や入社後の処遇をはじめ、会社としてのトピックなど必要以上の脚色は避けつつも、魅力ある会社としてのアピールがポイントになりますので、採用担当だけではなく、現場の社員による質疑応答なども場合によっては必要でしょう。

会場入り口のロビーには、入社案内など企業研究に役立つ資料を揃えたり、PR動画を流したりといったコーナーを設けておきます。

会社説明会は企業を直接PRできる場でもあります。担当者の誠意ある応対も、1つの企業PRとしてとても大切なことです。

開催方法は、交通至便の会場での対面方式やWeb方式があります。どちらの場合もいくつもの会社説明会に参加する学生の就活事情を考慮して、参加しやすい日時や回数の設定も大切な要件になります。

57

新入社員の受け入れ準備

◆ 物的な受け入れ準備

４月が近づいてきたら、新入社員の受け入れ準備を進めます。その**準備は物心両面から**行います。

まず物的な面では、入社誓約書、雇用契約書、マイナンバー等の提出書類の確認など、入社にあたって必要な手続きの準備を進めます。また、健康保険や厚生年金保険、雇用保険関係の被保険者資格取得届の作成準備、身分証明書・ID カードの手配もしておきます。そのほか、社員寮の入居手続き、制服の準備などが必要な場合もあるでしょう。

新入社員の配属が決まっている職場では、デスクを整え、事務用品を揃えておきます。それに伴って、オフィスレイアウトの模様替えが必要になる場合もあります。使用するロッカーも決めて中をきれいにしておいたり、最新の内線電話番号リストなどを用意しておきます。加えて、会社全体や部署ごとの年間業務スケジュール表も準備しておくことで、新入社員がおおよその業務を把握するのに役立ちます。

◆ 心的な受け入れ準備

新入社員を受け入れる上司や先輩社員の心の準備、これが特に大切です。未知の世界に入った人間は、周囲の人の対応には敏感になるものです。そんな新入社員に対する接し方や指導の仕方などを職場で事前に話し合っておき、不安と期待の入り混じった心境で入社する新入社員に対し、受け入れ側全員が歓迎する姿勢を態度で示すようにしましょう。

Column 戦略総務への脱皮

職務内容を明確に定義するジョブ型雇用が日本企業に導入されるにつれ、総務部員もプロとしての働き方が問われ始めてきています。また、仕事全般のDX化の流れの中、総務業務もアプリケーションを駆使して一層の効率化を図る時代が到来してきています。

その延長線上にあるのが、「戦略総務」です。そもそも総務部は経営全般を裏方として支える黒子的な存在ですが、今後は経営戦略の一翼を担う戦略部門として、その姿を変えていくことが求められます。

総務部には社内外から様々な情報が集まりますが、その情報をAIを活用すれば、経営活動に資する意味ある分析結果が導き出せるようになるでしょう。また、ChatGPTを使えば、従来、総務部員を悩ませてきた業務関連の文書作成も瞬時にして行えるようになります。

そうして得られた時間をより戦略的な業務にあてるようにすることで、現在の「総務部」を「戦略総務部」に脱皮することができるのです。

第3章

対社内・対社外の総務の仕事

58

社内

多岐にわたる業務分掌

◆ バックオフィス業務のほとんどが総務部から派生

会社の組織というものは、会社ごとにその実情や環境によって変わっていきます。会社が小規模なうちは一部署で事足りたものが、規模が拡大し、事業が多角化するにつれ、総務業務も増大化していきます。

そうなると業務ごとに課ができ、そのうち部として分離・独立していきます。その典型が、総務部から派生していった人事部、経理部、財務部、法務部、広報部、秘書室、情報システム部などです。これらは直接的には顧客接点がない業務であることから**バックオフィス業務**といわれます。

バックオフィス業務を担当するこれらの部署も、企業によっては総務部人事課だったり、総務部広報課だったりします。だからこそ、総務部の「母体論」が唱えられるわけです。

さらに、**部門を生み出す"創務部"から、社員にやりがい・生きがい・希望・夢を与える"創夢部"をどこまでも志向しなくては真の存在理由はない。それが総務部の仕事のスタンス**です。

そうしたなかで総務部の対社内の業務分掌をあげると、以下の項目が主要なものとなります。

①人事・労務管理、②文書管理、③社内広報、④用度品管理、⑤固定資産管理、⑥オフィス管理、⑦システム管理、⑧会議管理、⑨リスクマネジメント、⑩内部監査、⑪株式管理、⑫社内規程管理、⑬福利厚生施策、⑭法務業務、⑮行事・イベントの運営、⑯秘書業務、⑰受付業務、⑱環境対策、⑲冠婚葬祭等。

総務部の社内の仕事

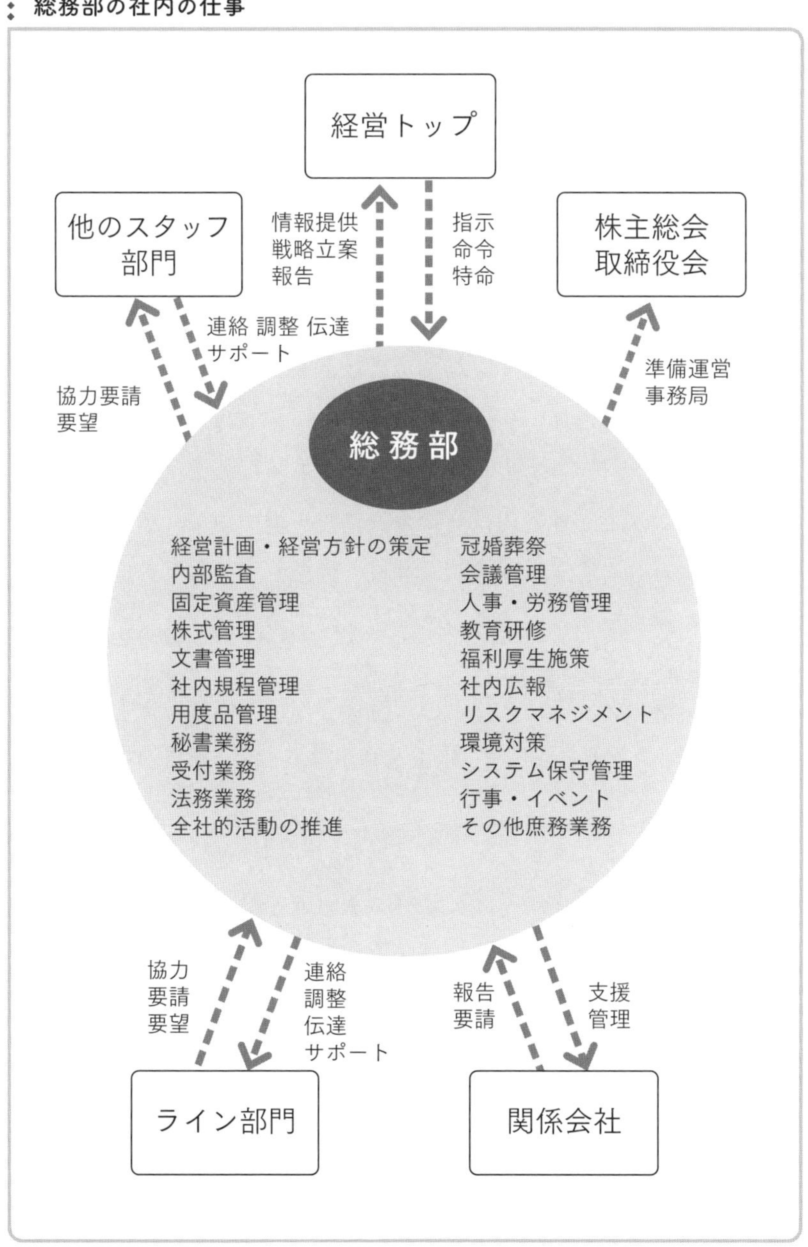
経営トップ
情報提供
戦略立案
報告
指示
命令
特命
他のスタッフ部門
株主総会
取締役会
連絡 調整 伝達
サポート
協力要請
要望
準備運営
事務局
総務部
経営計画・経営方針の策定
内部監査
固定資産管理
株式管理
文書管理
社内規程管理
用度品管理
秘書業務
受付業務
法務業務
全社的活動の推進
冠婚葬祭
会議管理
人事・労務管理
教育研修
福利厚生施策
社内広報
リスクマネジメント
環境対策
システム保守管理
行事・イベント
その他庶務業務
協力
要請
要望
連絡
調整
伝達
サポート
報告
要請
支援
管理
ライン部門
関係会社

59

社内 経営関係業務①

経営計画の策定と発表

◆全社方針を社員1人ひとりに自分ごととして浸透させる

経営計画は企業の将来について実現性のある目標を描いたものであり、業務活動の根幹となるものです。

その策定にあたっては、まず総務や営業、人事、開発、生産など各部門の責任者で構成される**経営計画委員会**で原案作成が行われたり、各部門のエキスパートを集めたプロジェクトチームで検討されます。

そうしたなかで、**総務部は全体の調整役**を担います。原案作成は各部門から出された重点目標や実施細目、推進案などをもとに検討を進めますが、例えば生産部門と営業部門の計画案に大きな矛盾が生じている場合もあります。

部門や分野の各計画は全体との整合性がなければ実現は不可能です。そこで、**各部門の意見を聞き、修正を指示するなど、総務が中心になって調整**を進めます。

計画原案は概要、重点施策、重点項目、部門計画の順でまとめ、取締役会に提出、審議を経て決定されます。その経営計画は幹部会議などで発表・説明され、各部門の責任者から社員に伝えられ、全社的に共有されることになります。

しかし、経営計画の実現に向けては、さらに理解を深め、社員それぞれが自分の仕事と照らし合わせることが肝要です。

そこで総務部でも文書で全社通達を行ったり、社内報で詳しく解説するなど、あらゆる手段・機会を通じて全社員への周知と浸透の徹底を図るようにします。

経営計画の策定と発表

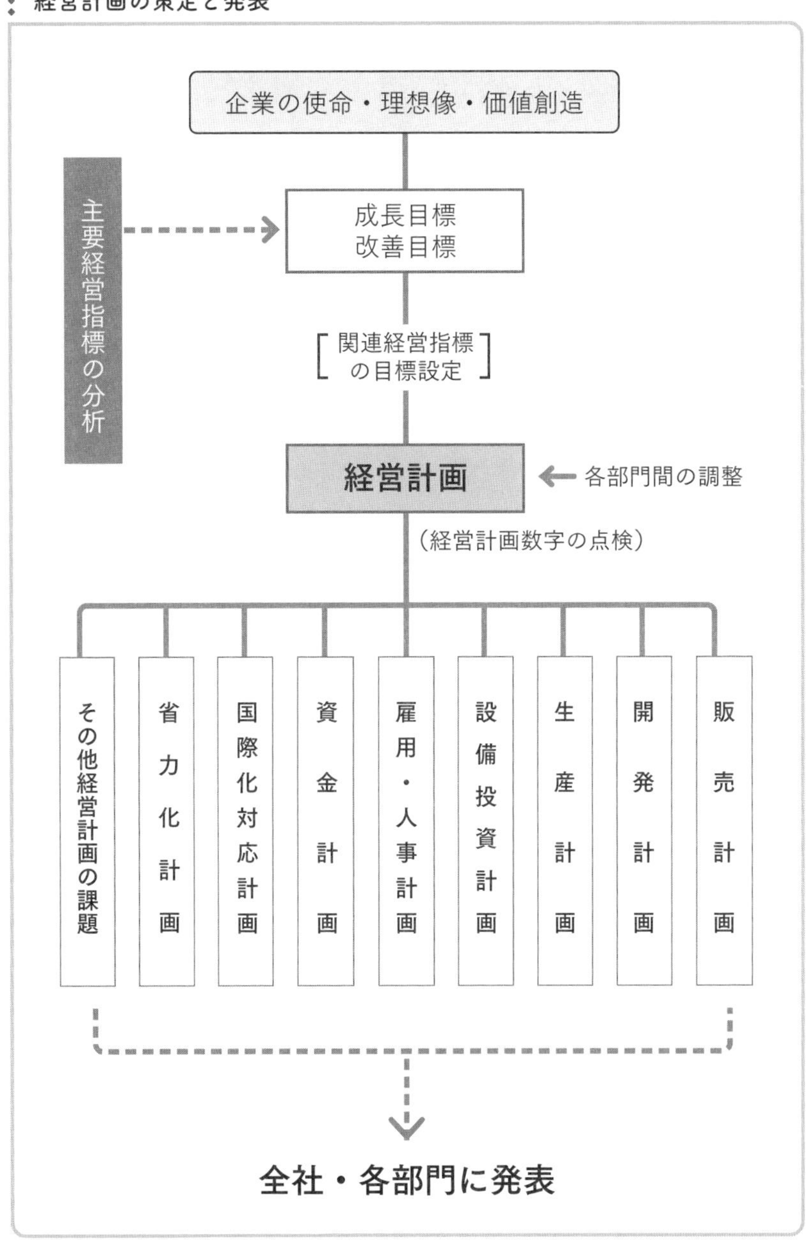

企業の使命・理想像・価値創造
主要経営指標の分析
成長目標
改善目標
関連経営指標の目標設定
経営計画
各部門間の調整
（経営計画数字の点検）
その他経営計画の課題
省力化計画
国際化対応計画
資金計画
雇用・人事計画
設備投資計画
生産計画
開発計画
販売計画
全社・各部門に発表

60

社内 経営関係業務②

株主総会の準備・運営

◆ 会社法と定款に基づき準備する

企業の数多い会議の中でも**株主総会は会社法で定められた特別な会議**であり、一般に総務部が事務局となって準備・運営を行います。

株主総会は、株式会社の経営主体である株主がその持ち株数に応じて議決権を行使し、会社の意思決定を行う最高機関であり、決算期ごとに開催する**定時株主総会**と臨時に開催する**臨時株主総会**があります。

株主総会での決議事項は会社法や会社の定款に定められていますが、主に、**①取締役・監査役の選任とその報酬の決定、決算書類の承認、合併報告の承認**（普通決議）、**②定款の変更、取締役・監査役の解任、営業譲渡、解散**（特別決議）、**③株主から提案された議案の審議**などです。

株主総会は株式会社として最も重要な行事であるだけに、運営準備は万全の態勢で進めなければなりません。開催日までに多くの事務手続きを要するので、まずスケジュールを立て、それに基づいて遺漏なく進めます。必要事項を会社法や定款で確認することはもちろん、前年の準備要領も参考にしながら、間違いのない運営が求められます。

一般に、株主総会は形式的に実施することのみに腐心しがちです。しかしながら、議事を妨害する株主が危惧される場合は、その対策を優先的に考えざるを得ません。そうでなければ、株主総会を幅広いコミュニケーションの場としての活用も一考です。

そうした場合は経営陣の総会に対する意識変革も必要ですが、事務局としては総会自体の活性化も工夫したいものです。

株主総会までの手順（例）

[3月31日決算日（基準日）、6月28日総会開催を例にした場合]

4・1（決算日翌日）	株主名簿閉鎖
5・2（開催当日より8週間前）	計算書類を監査役と会計監査人に提出
5・16（6週間前）	株主提案権の行使期限
5・23（5週間前）	附属明細書を監査役と会計監査人に提出
5・30（4週間前）	会計監査人が計算書類・附属明細書の監査報告書を監査役および取締役会に提出
6・6（3週間前）	監査役が計算書類・附属明細書の監査報告書を取締役会に提出
6・13（2週間前）	定時株主総会招集通知書（監査報告書同封）の発送完了
6・20（1週間前）	計算書類・附属明細書・監査報告書を本社に備え置く
6・27（総会前日）	議決権行使書の提出期限
6・28	定時株主総会開催。決議事項の通知発送
6・29	決算公告。株主名簿の書き換えを再開

61

社内 経営関係業務③

取締役会の運営

◆ 会社法の規定に従う

取締役会も株主総会同様に会社法で開催や運営が厳格に定められている特別な会議です。取締役会は会社の実質的な意思決定機関であり、株主総会に提出する議案や会社の業務執行上の重要事項等は取締役会で決定されます。

取締役の数は会社法により「1人又は2人以上」と定められていますが、取締役会を設置する会社（**取締役会設置会社**）**は最低3名以上の取締役と1名の監査役が必要**です。取締役が多数存在する場合は、実際的な経営戦略の討議・決定のために常務取締役以上による**常務会**を設置しているのが普通です。

ただし、常務会での決定事項を「会社の意志」として確定するには、それを取締役会で追認する必要があり、そうした会議の事務手続きも総務の担当となります。

取締役会の開催は、少人数の場合は週に1回としている会社もあれば、大手企業では常務会を2週に1回、取締役会を月1回としている例もあります。招集は各取締役が行うことができますが、できれば開催日時を定例化しておくことが望ましいでしょう。そして、いずれの場合も開催通知は毎回送付し、それには予定議題も記載します。

取締役会を開催したら、必ず議事録の作成を行い、議事の経過の要領および結果を記載します。また、そこには**出席した取締役の署名も必要**です。この取締役会議事録は代表取締役の改選に伴う登記手続きの際にも必要となります。

取締役会運営事務局としての業務

日時・場所の設定

招集方法・決議事項等、定款または
法律の定めに基づく

**開催通知の送付
（予定議題も明記）**

- 出欠の確認
- 会議資料の作成・配付

取締役会開催・議事録の作成

- 議事の経過の要領および結果を記載
- 出席取締役の署名
- 議事録の保管
- 関係部署への伝達

62

社内 経営関係業務④

社内規程の整備・管理

◆ 法改正等に応じ、定期的に見直す

社内規程は企業活動を円滑に推進するために制定する、その企業独自のルール・基準です。法律に定められたものは別として、企業の必要に応じて作成されるものであり、規程の種類も数も企業によって様々です。以下に、一般的な例を挙げます。

- 法律で定められたもの：定款、就業規則（労働基準法により常時10人以上の労働者を使用する企業に作成が義務づけられている）
- 会社組織に関するもの：組織表、業務分掌規程、職務権限規程、稟議規程等
- 業務運営に関するもの

①総務関係:給与規程、退職金規程、出張旅費規程、慶弔見舞金規程、育児・介護休業規程、文書管理規程、車両管理規程、個人情報管理規程、コンプライアンス規程、ハラスメント対策規程等

②経理関係：経理規程、予算管理規程等

③営業関係：販売業務規程、営業業務処理規程等

④製造関係：生産管理規程、外注管理規程、検査規程等

規程は定期的に見直しを行い、法改正はもとより社会的基準や環境の変化に応じて常に最新の内容にしておきます。そのほか、業容の変更等で不要となったり、新たに制定するものもあるでしょう。

総務部では改定作業のほか、社内通知も行います。特に、就業規則など社員として遵守義務のあるものは周知徹底を図ります。

社内規程の整備・管理の流れ

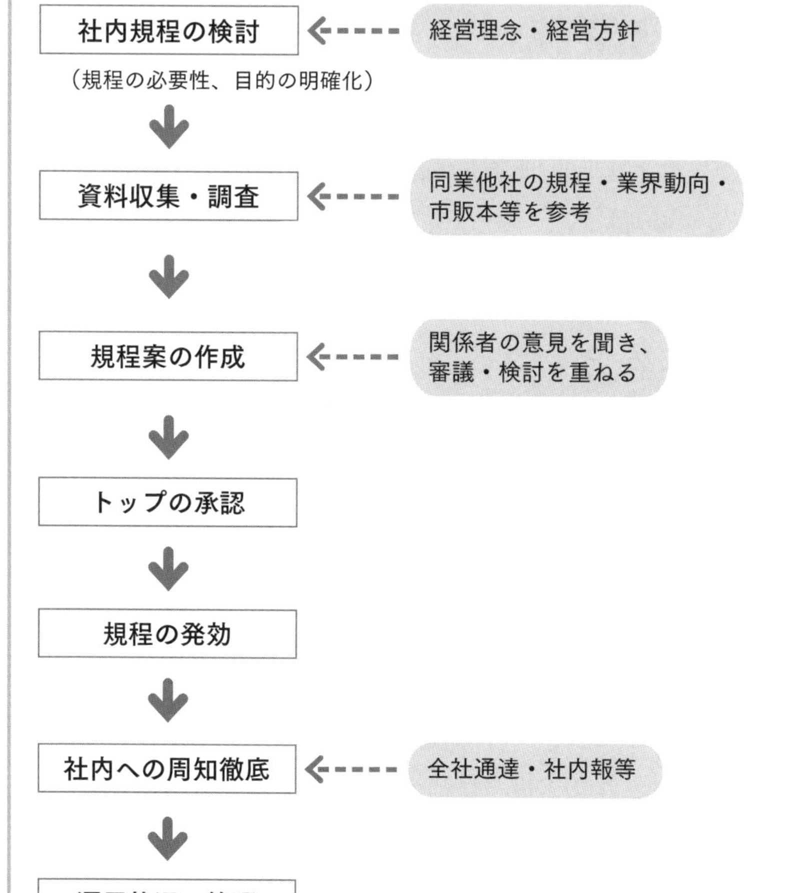

63

社内 経営関係業務⑤

法務業務

◆ 専門性が求められるため、弁護士や弁理士の支援も必要

会社業務の国際化・多様化・複雑化等の内的要因と特許訴訟・環境訴訟の増加といった社会的要因によって、法務の重要性がますます高まっています。

法務業務には、主に以下のようなものがあります。

- **契約業務：契約の指導・助言、契約書の作成・審査・保管等**
- **株主総会・取締役会業務：事務手続き、会議資料の作成、議事録の作成等**
- **登記手続き：商業登記、不動産登記**
- **産業財産権管理：商標・特許・実用新案等に関する事務**
- **紛争処理業務：紛争・訴訟の処理および指導・管理**

このほか社内規程の管理や印章管理などもあり、法務業務は実に幅広いといえます。ただ、専門的な内容も多いので、必要に応じて弁護士や弁理士などの専門家に処理を依頼したり、協力・助言を仰いだりすることもあります。

もちろん、法務スタッフは担当業務の最低限の法務知識は備えておかなければなりません。また、法改正を知らなかったでは済まされないケースもあるので、官報をチェックしたり、法令改正の情報提供サービスの利用など、絶えず最新情報の収集に努める必要があります。

また、全社員に対してもリスク防止のうえから、自社の業務に関連する法律知識習得の研修の実施や、マニュアルを作成して配付するなど、社内全体の法務意識の高揚を図ることも大切です。

法務業務のポイント

内的要因

会社業務の国際化・多様化・複雑化等

外的要因

特許訴訟・環境訴訟の増加等

法務の重要性が高まる！

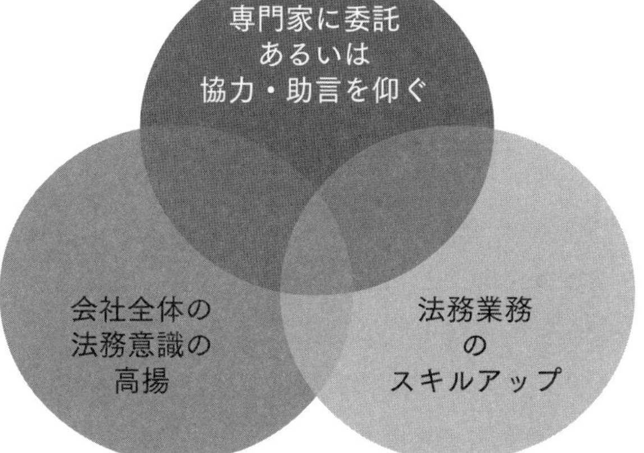

社内 管理・統制業務①

文書管理

◆ 分類、保管、保存、廃棄の基準をつくる

日々、必要な文書は「紙」に限らず「電子データ」などもあり、放っておけば文書類はどんどん膨れ上がっていきます。

文書類は必要なとき、必要な人がすぐに検索・活用できるように整理されていなければなりません。つまり、一定のルールや基準に沿って文書が分類され、保管・保存されている状態です。

それには、以下のように不要になった文書は廃棄するといった一連のルールを定めます。

◎文書の「分類」

文書の保存年数による分類、重要度による分類もありますが、**人事・労務関連／福利厚生関連というように内容で分類**するほうが使いやすいです。最初は10項目くらいの大まかな分類にし、その中の中分類が増えてきたら新しい項目を立てるようにします。

◎文書の「保管」

保管文書には業務遂行中のものと、当該業務の終わったあとに参考として保管しておく文書があります。これは**文書の使用頻度の高い順に、係→課→部→全社（総務部）というように小さい組織から大きい組織の順で保管**するようにします。

共用文書の保管リストを一定のルールでパソコンに登録しておけば、たとえ個人が保管していても、全社的に活用することができます。

また、保管文書の見直しを半年に１回といったように、定期的に実施するとよいでしょう。

◎文書の「保存」

保存年限に注意します。一般に文書管理規程などに、重要文書の保存年限が定められています。また、商業帳簿等、法令で保存期間が定められている文書もあります。こうした保存年限に基づいて収納用什器に入れて保存しますが、その保存方式には３つあります。

①それぞれの文書の保管部署で保存・管理

②文書を倉庫など社内の特定の場所に集中保存し、各部署で管理

③文書を社内の特定の場所に集中保存し、主管部署を定めて管理

これは文書量や保存スペースの有無によって決めます。

◎文書の「廃棄」

年度末には保存文書の見直しを行い、**まもなく保存期限を迎える文書は別の収納箱に入れておき、期限が来たら廃棄**します。すでに保存期限を過ぎている文書は廃棄処分です。保存年限が過ぎていても、業務上必要とされる文書は保存しておきますが、「とりあえず」はやめるようにします。文書量の増加は事務能率の低下を招くだけでなく、管理コストの上昇やオフィス環境の悪化にもつながります。不要と判断した文書は廃棄処分にします。

文書を廃棄する際に注意したいことは、機密文書の取り扱いです。リサイクルや省資源等の面で問題はありますが、溶解が最善の方法です。その他の文書は分別し、リサイクルに回します。

文書の保存管理①

法定保存期間

保存期間	文　書	根拠法
10年	商業帳簿およびその営業に関する重要書類（会計帳簿、貸借対照表・損益計算書・総勘定元帳等の計算書類および事業報告、これらの附属明細書） 株主総会議事録（本店備え置き分） 取締役会議事録 監査役会議事録	商法第19条 会社法第432条、第435条ほか
7年	総勘定元帳・現金出納帳・固定資産台帳等の帳簿・棚卸表・貸借対照表・損益計算書ならびに決算に関して作成されたその他の書類 取引に関する注文書・契約書・送り状・領収書・見積書その他これに準ずる書類等	法人税法第59条 ※計算書類等は会社法で10年保存を義務づけ
5年	労働者名簿・賃金台帳・雇入解雇・災害補償・賃金その他労働関係の重要書類	労基法第109条

文書の保存管理②

永久保存文書

- 定款
- 株主名簿
- 登録済書（権利証）など登記・訴訟関係書類
- 官公庁への提出文書、官公庁の許可書・認可書・通達などで重要な書類
- 特許・実用新案・意匠・商標など産業財産権に関する特許料・登録料納付受領書や特許・登録証などの関係書類
- 社規、社則、規程類
- 効力の永続する契約に関する書類
- 重要な権利や財産の得喪・保全・解除および変更に関する文書
- 重要な刊行物、社内報、広報に関する重要文書
- 製品の開発・設計に関する重要文書
- 稟議書、重要決裁文書
- 顧客名簿
- 外部団体加入・脱退関係書類
- 重要な人事に関する文書
- 労働組合との協定書

10年保存文書

- 会計帳簿およびその営業に関する重要書類（会社法）
  （貸借対照表・損益計算書・営業報告書・附属明細書・監査報告書、総勘定元帳、各種補助簿、株式割当簿、株式台帳、株主名義書換簿、配当簿、印鑑簿、倉庫証券簿など）
- 株主総会議事録（本店備え置き分。支店備え置き分は5年保存）
- 取締役会議事録・監査役会議事録
- 重要会議議事録
- 満期または解約となった契約書
- 製品の製造・加工・出荷・販売の記録

文書の保存管理③

7年保存文書

- 仕訳帳、現金出納帳、固定資産台帳、売掛帳・買掛帳、経費帳など取引に関する帳簿（法人税法）
- 棚卸表など決算に関する書類
- 領収証、預金通帳、借用証、小切手・手形控、振込通知書など現金の収受・払戻し、預貯金の預入れ・引出しに際して作成された取引証憑書類
- 有価証券受渡計算書、有価証券預り証、売買報告書、社債申込書など有価証券の取引に際して作成された証憑書類
- 請求書、注文請書、契約書、見積書、仕入伝票など棚卸資産の引渡し・受入れに際して作成された書類以外の取引証憑書類
- 資産の譲渡、課税仕入れ等に関する帳簿
- 課税時期に所有する土地等の地目、面積、所有地等を記録した帳簿
- 給与所得者の扶養控除（異動）申告書、給与所得者の配偶者特別控除申告書、保険料控除申告書
- 住宅取得控除申告書、住宅取得特別控除申告書、住宅貯蓄控除申告書
- 源泉徴収簿（賃金台帳）
- 棚卸資産の引渡し・受入れに際して作成された書類以外の取引証憑書類
- 納品書、送り状、貨物受領証、入庫報告書、出荷依頼書、検収書など棚卸資産の引渡し・受入れに際して作成された取引証憑書類

5年保存文書

- 有価証券届出書・有価証券報告書および添付書類・訂正届出書の写し
- 産業廃棄物管理票（マニフェスト）—紙の場合
- 特定容器・特定包装の製造・利用、再商品化等について義務履行を証明する帳簿
- 契約期限を伴う覚書・念書・協定書などの文書
- 重要な内容の受信・発信文書
- 健康診断の実施および結果に関する書類
- 従業員の身元保証書、誓約書などの文書

文書の保存管理④

- 賃金台帳、労働者名簿
- 雇入れ、解雇、退職に関する書類
- 災害補償に関する書類
- 出勤簿
- 住所・姓名変更届

4年保存文書

- 雇用保険被保険者資格取得確認通知書、同資格喪失確認通知書（離職証明書の事業主控）、同転出届受理通知書、同転入届受理通知書など雇用保険の被保険者に関する書類
- 雇用保険の被保険者関係事務処理簿
- 障害者雇用書類

3年保存文書

- 半期報告書およびその訂正報告書の写し
- 官公署関係の簡易な認可・出願などの文書
- 一般の社内会議記録
- 社内規定・通報の改廃に関する書類
- 軽易な契約関係書類
- 文書の受・発信簿
- 業務日報
- 参照の必要性のある往復文書
- 什器・備品台帳
- 労災保険に関する書類
- 派遣元管理台帳・派遣先管理台帳
- 消防設備点検書類

2年保存文書

- 健康保険・厚生年金保険被保険者資格取得確認通知書、同資格喪失確認通知書など健康保険・厚生年金保険に関する書類
- 労働保険の徴収・納付等の関係書類

1年保存文書

- 軽易な往復文書、受信・発信文書
- 軽易な通知書類、調査書類、参考書類
- 社内報告制度による日報・週報・月報等

65

社内 管理・統制業務②

会議管理

◆生産性から会議そのものの必要性を判断し、効率的に運営

総務部が事務局として直接運営・管理するのは全社的な会議の中でも重要度の高い経営会議や幹部会議などですが、各部門が主催する会議に対しても、必要に応じて会場や会議用機器の貸し出し等側面支援を行うようにします。

そして、会議管理のポイントは大きく次の２つがあります。

①会議そのものの必要性を判断する

経営活動や業務運営に必要不可欠な会議なのか、報告を開くことだけが目的の形骸化した会議になってはいないか等を随時チェックします。**非生産的な会議、文書通達で足りるような会議は極力廃止**していくことが業務の効率化に直結します。

②会議の効率的運営

まず、**目的の明確化と会議に要するコスト意識の醸成が重要**ですが、そのほか以下の点に留意します。

- 会議の名称・日時・場所・議題・持参する資料を明記した開催通知を必ず出す。
- 会議資料は事前配付し、会議中は討議に集中できるようにする。
- 開会・閉会の時間厳守が可能な運営を行う。
- 議事録を作成する。各部門で開催した会議も、その記録のコピーを総務部に提出させる。

一般的な会議の運営

会議管理のポイント

①会議自体の必要性判断
②会議の効率的運営

会議の手順

会議開催の決定

出席者・日時・場所の決定

←場所の予約・チェック

会議開催通知の作成
（会議の名称・日時・場所・議題・持参資料を明記）

（上司経由で）**出席者に送付**

←会議資料の作成（事前に出席者に配付）
←議事予定表の作成
←機器類の手配・点検
←機器類のリハーサル（当日）

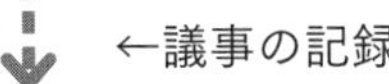

開　会（時間厳守）

←議事の記録

閉　会（時間厳守）

←会議室の清掃・機器類の返却

議事録の作成
（各部門開催の場合も、その記録コピーを総務部に提出）

（上司経由で）**出席者に送付**

社内 管理・統制業務③

株式管理

◆ 株式の発行、株主名簿の管理、名義書換事務

株式管理に関係する業務は、株主に対して直接的業務を行うものであり、また会社の資金調達に関する重要事項を担当する業務でもあるので、慎重かつ的確に遂行しなければなりません。

その**主な業務は、株式の発行、株主名簿の管理、名義書換事務**などです。

株式業務を担当する窓口には、名義書換に関することや株主配当金の支払いについてなど、様々な問い合わせや要請が寄せられます。株主からの要請に対しては諸々の事項を審査し、速やかに手続き・処理を行います。株式の名義書換については、株式名義書換請求書兼株主票に必要事項を記入・押捺し、所定の機関に提出します。

株式の名義書換は財産の変動を生じるものであるので、株主名簿上の名義人の抹消・新たな記載等、書換に関する事務処理は正確さが求められます。

株式は有価証券として流動性を持ちます。したがって、株式の発行業務も慎重に行わなければなりません。

また、株主への利益配当は、株主総会で配当金額が承認されたら、総会の翌日から1カ月以内に支払い手続きを済ませます。

このほか、株主からの届け出事項、例えば住所変更届や改印届、社名・代表者の変更届などに対する手続き等も、迅速かつ間違いのないように行います。

主な株式管理業務

- **株主名簿の管理**
- **株式の名義書換事務**
- **株式の発行業務**
- **株主への利益配当**
- **株主から届け出事項に対する手続き**

ー住所変更届・改印届、社名・代表者の変更届等

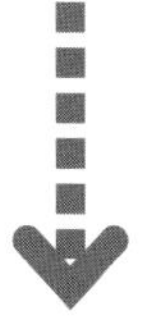

株主からの請求・届け出事項は、迅速かつ正確に処理・手続きをする。ただし、法律で定められた手続きを必要とすることも多いので、注意をする。法改正にも留意。

67

社内 管理・統制業務④

関係会社管理

◆ 管理規程に準じて行う

関係会社の管理は、関係会社の数が多ければ、専門の管理部署が必要になります。そうでなければ、実際の業務運営上の管理については関係会社の主業務に関連する部門が直接担当し、各部門の管理体制がバラバラにならないように総務部が全体の統括部門として機能する形が望ましいでしょう。

管理上で重要なことは、業種や特性を考慮して関係会社を区分し、その中での管理方針の規程です。また、**親会社の承認が必要な事項とか親会社への報告を要する事項等を盛り込んだ管理規程を制定**し、それに準じて対応を行います。

もう1つ重要なことは、人事・労務面です。関連会社などで出向者とプロパー社員がいる場合、プロパー社員のスキルや士気の向上は不可欠であり、独自の採用・教育、処遇体系が必要なこともあります。関係をより密接にするためには、プロパー社員も含めた人事交流を積極的に推進していくことも考慮します。

関係会社は法的人格を持つ独立した企業です。親会社がすべてに支配者感覚で介入したり、関係会社の特性を考慮したりせずに親会社の意向だけを一方的に押しつけるようなやり方は厳に慎みます。広い視野からグループ全体の利益を考え、調整・協力し合う関係を維持することが大切です。

統括部門の総務部としては関係会社と適切なコミュニケーションを取り、アドバイスや随時相談に応じるなどの活動に注力します。

関係会社と親会社の関係

関係会社とは、親会社・子会社・関連会社を総称したもの

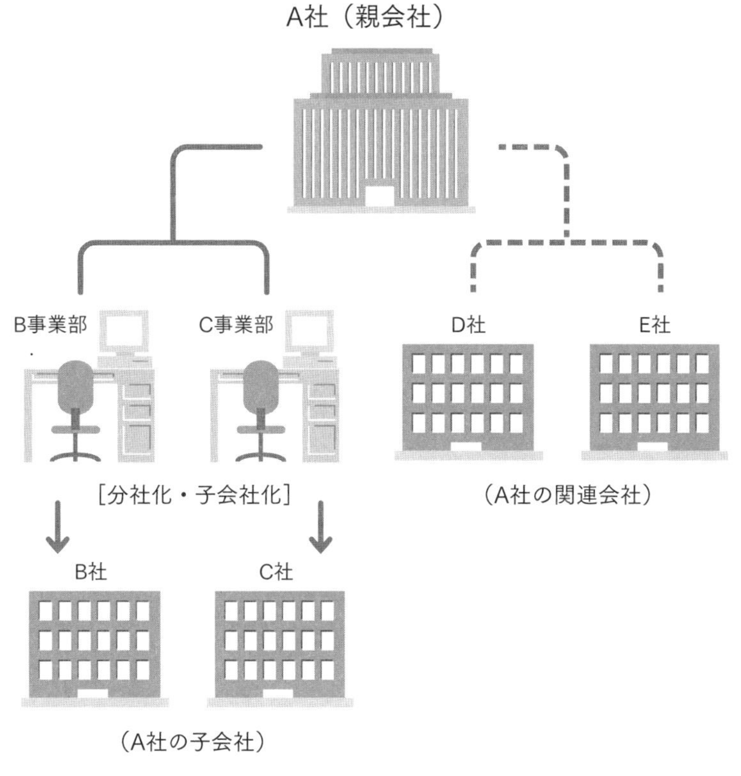

子会社

A社が50％以上の議決権を保有している会社。実質的な親子関係にあり、親会社は子会社に対して支配権を持つ。

関連会社

A社が議決権の20％以上50％未満を保有しており、その会社の経営方針に大きな影響を与えうる会社。

68

社内 管理・統制業務⑤

内部監査

◆ 不祥事の未然防止に資する管理体制の強化等が目的

企業における監査には、**①内部監査**、**②監査役監査**、**③会計監査人監査**の３つがあり、これを**三様監査**といいます。

監査役監査と会計監査人監査は会社法に基づく監査であり、株主や投資家保護を主な目的としたものですが、①の**内部監査は不祥事の未然防止に資する管理体制の強化等を目的**としており、企業内の独立したスタッフによって実施される自主的監査です。

すなわち**内部監査は、企業の経営方針・経営計画および手続き・ルールに準拠して、経営における諸活動等が効果的に運営されているかを評価・診断し、経営活動の適正かつ効果的な遂行に資する目的を持つ制度**ということです。

そして内部監査には、企業資産の管理状況や会計管理状況のチェックに重点を置く**会計監査**と、業務管理状況のチェックおよび助言・勧告に重点を置く**業務監査**があります。

監査制度ができた当初は、企業内部の不正・誤謬の摘発を主な目的として実施されたため、会計監査に主眼が置かれていました。しかし、内部統制が整備されてきた今日では業務監査が主となっており、会計監査は業務監査の一環としてとらえられています。

内部監査を進めるには、人手と時間が必要になります。企業内の人的な余裕の有無や内部統制に対する考え方にもよりますが、この制度を適切かつ有効に活用できれば、企業の体質改善にもつながります。効果的な経営管理の１つの手段として活用したいものです。

経営サイクルと内部監査

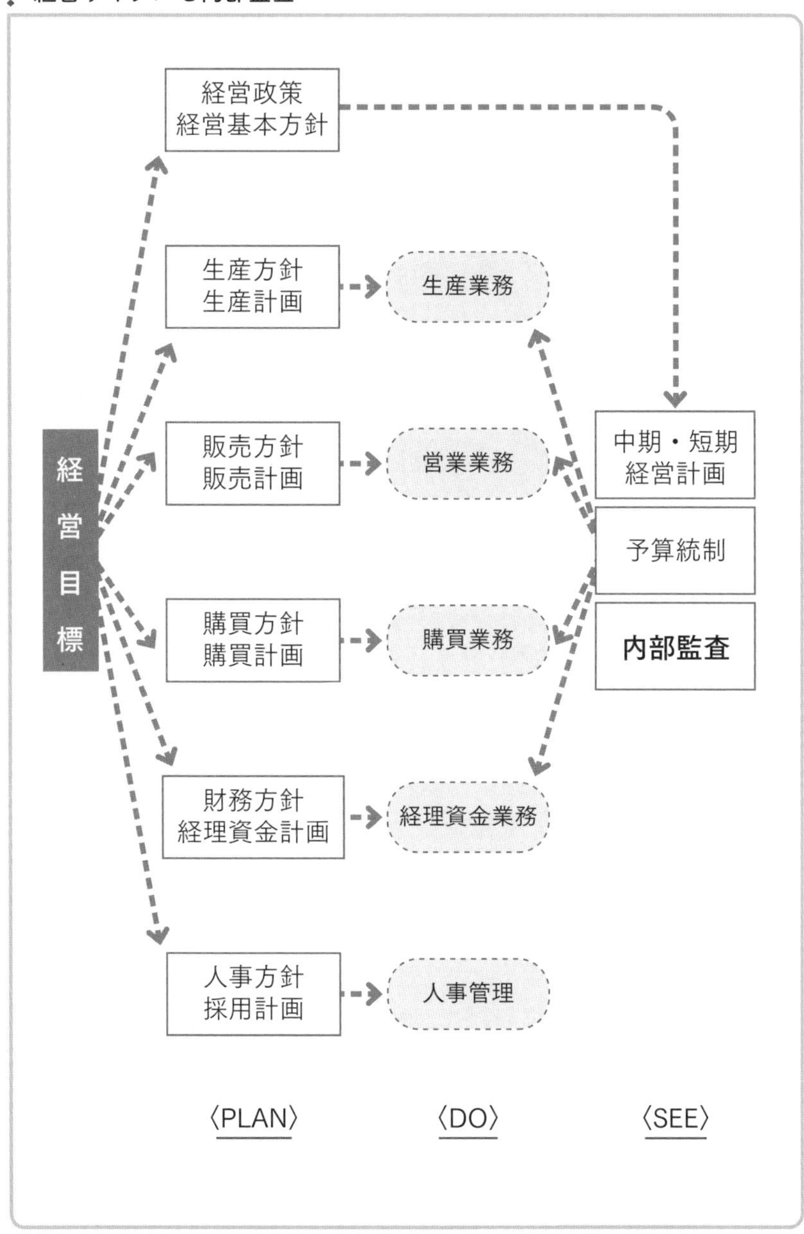

69

社内 管理・統制業務⑥

環境対策

◆ 企業の社会的責務として総務部が啓蒙活動を主導する

地球資源の維持・保護と環境汚染の防止は、いま地球的規模で取り組まれています。企業関係では、国際標準化機構（ISO）が「ISO14001（環境マネジメントシステム、通称環境 ISO）」として環境管理・監査基準を制定し、国際規格を発効しています。ISO に法的拘束力はありませんが、環境問題に取り組むヨーロッパ諸国では環境 ISO に反する製品の輸入は認めないなど厳しい姿勢を打ち出していることもあり、グローバルビジネスにかかわる日本企業は環境 ISO は取引上の取得条件として認識されてきました。

ただ、**環境 ISO にかかわらず、企業が環境問題に積極的に取り組むことは社会的な責務**です。企業活動においては原料調達や生産、流通、廃棄などの過程で、環境破壊・環境汚染や資源の無駄遣いにつながるものも少なくありません。それらをすべて見直し、環境に負荷を与えない方法やプロセスを構築していくことが求められます。

環境対策を推進するには、まず会社の基本姿勢を打ち出すことです。経営方針に環境対策を明記して行動規範を設定し、具体的な取り組み方法や対応策を明示します。例えば、省エネルギー、廃棄物の削減と再利用・リサイクル、原材料から事務用品までエコ製品の使用、近隣の環境保全、危険物管理などが挙げられます。

こうした対策を項目ごとにまとめ、文書化して全社員に配付すると同時に定期的に教育・指導を実施して、環境問題に対する認識度の向上、環境保全活動の定着化を図ることを総務部が主導します。

環境基本法による事業者の責務

1　事業者は、基本理念にのっとり、その事業活動を行うに当たっては、これに伴って生ずるばい煙、汚水、廃棄物等の処理その他の公害を防止し、又は自然環境を適正に保全するために必要な措置を講ずる責務を有する。

2　事業者は、基本理念にのっとり、環境の保全上の支障を防止するため、物の製造、加工又は販売その他の事業活動を行うに当たって、その事業活動に係る製品その他の物が廃棄物となった場合にその適正な処理が図られることとなるように必要な措置を講ずる責務を有する。

3　前二項に定めるもののほか、事業者は、基本理念にのっとり、環境の保全上の支障を防止するため、物の製造、加工又は販売その他の事業活動を行うに当たって、その事業活動に係る製品その他の物が使用され又は廃棄されることによる環境への負荷の低減に資するように努めるとともに、その事業活動において、再生資源その他の環境への負荷の低減に資する原材料、役務等を利用するように努めなければならない。

4　前三項に定めるもののほか、事業者は、基本理念にのっとり、その事業活動に関し、これに伴う環境への負荷の低減その他環境の保全に自ら努めるとともに、国又は地方公共団体が実施する環境の保全に関する施策に協力する責務を有する。

「環境基本法 第１章 総則 第８条 事業者の責務」より抜粋
https://gcerti.jp/column/iso14001-syutoku-mokuteki/

70

社内 管理・統制業務⑦

リスクマネジメント

◆未然防止のための施策を構築しておく

企業に想定されるリスクには、地震や台風などによる自然災害のほかに人為災害があります。人為災害は経営者や社員の不祥事、インサイダー取引、ハラスメント、脱税、贈収賄、機密漏洩などのほか、工場や事業所内の事故や火災といったことがあり、企業にとって好ましくない事態の発生はすべて人為災害であり、リスクと考えられます。

会社の安全管理を担う総務部は、日常的に様々なタイプのリスクに備えておかなければなりません。

そして、**リスクマネジメントで最も大事なことは未然防止**です。自然災害など自社に発生原因がないものを除いては、まずはその防止に努めることが肝要です。

それには、**行動規範の周知、就業規則の厳守と違反者に対する懲戒の明確化を図り、担当業務に関する法的規制の理解促進、安全管理知識の啓蒙**などを徹底します。

また、「**緊急時対応マニュアル**」を作成して全社員に配付するとともに、社員として責任ある行動を求めていきます。こうして社内体制の整備を行い、リスクを生み出しにくい組織体制を構築します。

万一の発生に備えては、その対応策を整備しておきます。まず**緊急時の連絡体制の確立、対策本部の設置等、リスク対応の体制づくり**です。その他、**コンピュータが使用不能になった場合のバックアップシステム**も重要です。必要なデータ類は分散管理するなど、速やかな事業再開のための対策も徹底します。

緊急事態発生時の連絡態勢（例）

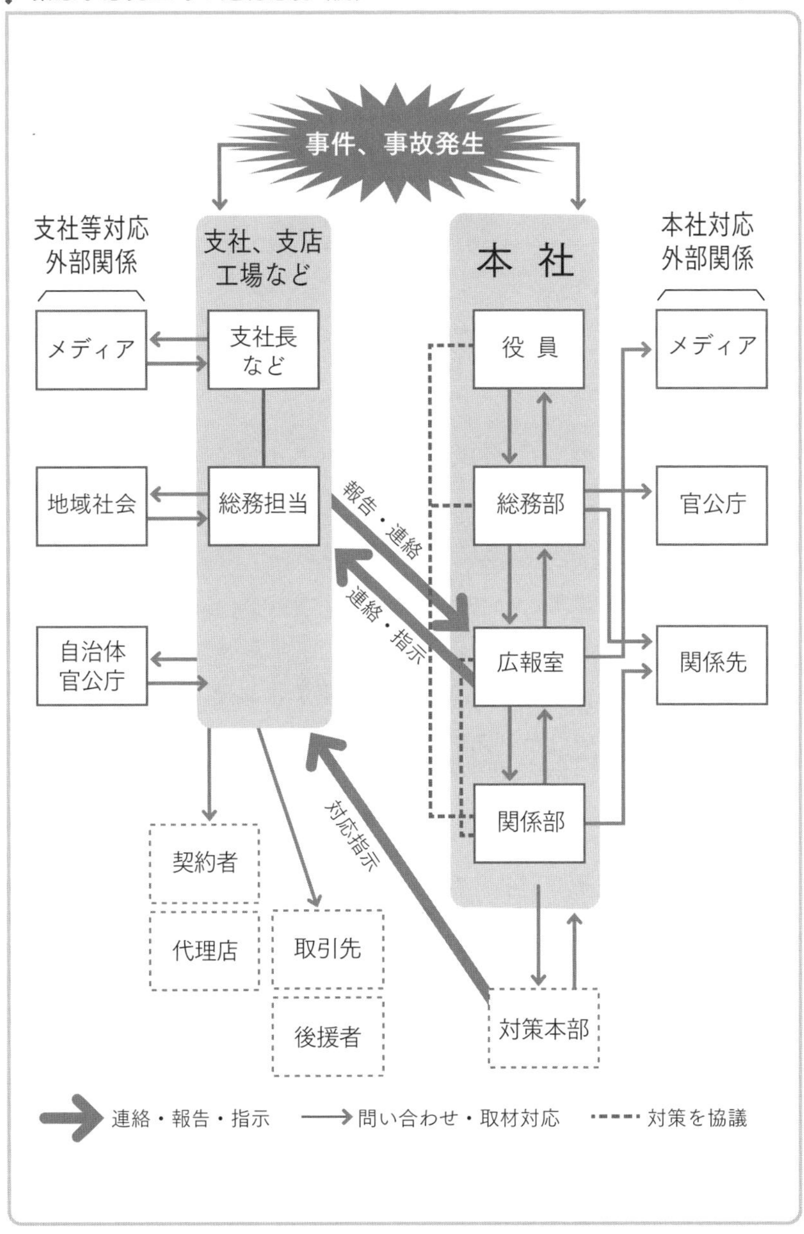

71

社内 管理・統制業務⑧

緊急時対応マニュアルの作成

◆ 実際の発生時を想定して作成する

緊急時対応マニュアルは、記載内容に準じて行動すれば、最低限必要とする事態に対処できるように作成されていなければなりません。現実と乖離した理想的行動を求めるものであってはならないということです。

したがって、まず、その行動の意義・意味の理解を利用者に促す記述が必要です。といって、そんな理屈だけではいざというときには役に立たないので、TPO ごとに「最低限必要な行動とは何か」がすぐにわかるようにします。

そこで、「**緊急時対応マニュアル**」**は、①緊急時対応の心構え編、②平常時における緊急時対応準備編、③緊急事態遭遇時編、④不明なことについての問い合わせ先編の４つの要素**に分け、②と③は、できるだけ簡明に手順と行動や用いるツール類を示し、かつポイントが直感的にわかりやすいように写真やイラストを併用します。

ただ、緊急時においてはマニュアルどおりに事は運ばないこともあります。マニュアルの①～③には記載されていない事態に備えるために、④「不明なことについての問い合わせ先編」で、いざという時に専門知識やスキルを有する関係者に連絡を取るようにします。

そして、マニュアルが複雑でわかりにくいものにならないためには、**①遭遇する可能性の大きい緊急事態を中心に記述する、②発生頻度が低い事態の変化は記述しない、③「こうしたほうがよりよい」と思われることまでは記述しない**、の３点に留意します。

「緊急時対応マニュアル」の作成ポイント

作成基本方針

1. 最初から完全なものを狙わずに、危機管理委員会の会議や、緊急時対応教育・訓練などのつど、加筆訂正してより良いものにしていく。
2. 「誰もが最低限必要な行動を起こせること」を目標とする。
3. そのためには、起こすべき行動について、動作・手順・道具に分けて記述する。
4. ひと目見て、すぐ行動に移せるように、簡明な文章、見やすいレイアウト、図・イラスト・写真の利用、を心がける。

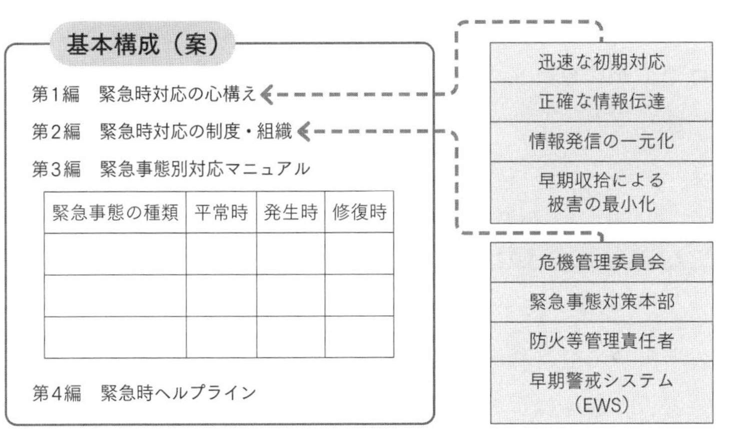

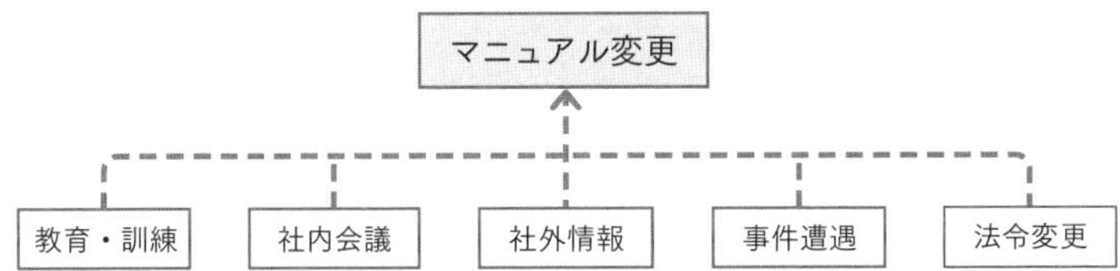

不備な点、欠落していた点など重要項目は、
可及的速やかに改める必要があるほか、
見落とし箇所や変更箇所の整合性の点検のために、
年1回マニュアル検討会議を行う必要がある。

72

社内 管理・統制業務⑨

社員が関係した事件・事故対策

◆ 社員が巻き込まれた場合

これには、盗難・傷害・詐欺などの事件、地震・台風・火災などの自然災害、旅客機・列車・バスなどの交通事故、工場や建設現場などでの事故などが該当します。これらの事件・事故が発生したとき、**会社側は速やかに社員当人の安否と被害状況の把握**を行います。

その後は当人が早期に平常状態に復帰できるように支援します。このとき、労働災害保険の補償対象かどうかなど総務部で確認します。

◆ 社員が引き起こした事件・事故

これは、「就労時間中かどうか」で会社側の対応は変わってきます。仕事の移動中の自動車事故のように**「業務上」と認定される場合は、当人の安否と被害状況を確認するほか、①企業の善管注意義務違反＊が問われることはないか、②社員本人に犯意・作意および就業規則の義務違反がなかったか、の２点を確認し、事態に対処**します。

一方、就労時間外に起こした当人の過失による事件・事故は基本的には会社側に責任はありません。ただし、その事件・事故が社名入りで報道されるなど企業イメージを損なう恐れがあることを認識したうえで、社会に対し「わが社の社員が世間をお騒がせして申し訳ありません」という姿勢に努めます。その際に事件・事故を起こした当人に対してはよほどの犯意・作意があった場合を除いて、これも平常状態への復帰を支援します。**厳正な信賞必罰の精神も必要ですが、会社の一員である社員に対する温情の心は大切にしたい**ものです。

「社員が関係した事件・事故」の対応ポイント

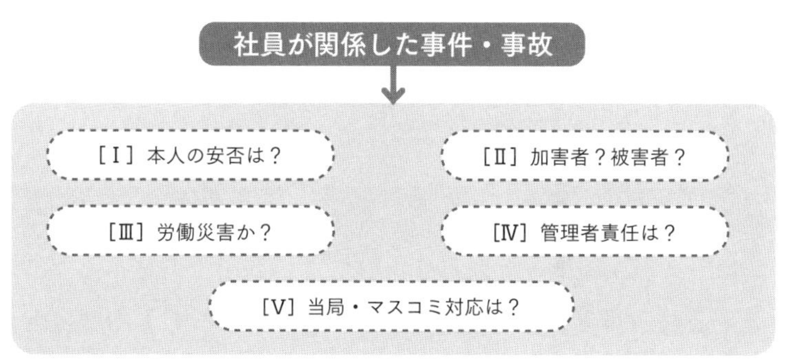

Ⅰ
- いちばん大事なことは、社員の安全の確認。
- 傷病を負っていたら、「治癒するまで会社が扶助できることは何か」を考える。

Ⅱ
- 被害者の場合は、「社員に代わって会社が加害者と折衝すべきことは何か」を考える。
- 加害者の場合は、当局の「過失か犯意があったのか」の判断に従い、会社のとるべき方法を考える。犯意があった場合は、「その誘因に勤務状態との関係があったかどうか」を調査し、関係があったときは、そうした犯意が起きないよう、制度・慣習・職場環境を改善する。

Ⅲ
- 業務上の事故（労働災害）であれば当然のことだが、通勤途上の事故（通勤災害）も労災保険が適用される。
- 労災対象となる「通勤」とは次のとおり。

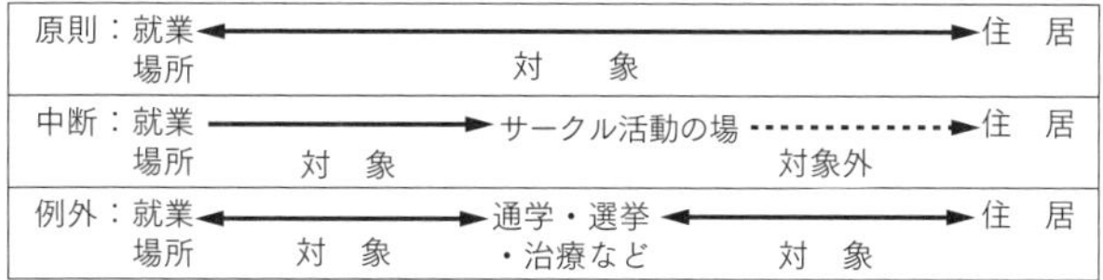

Ⅳ
- 管理者責任チェックリスト
「過重労働をさせてはいなかったか？」「能力を超える作業をさせていなかったか？」「間違った作業（手順）の仕方を黙認していなかったか？」「使用していた設備・機器・備品・原材料の点検・整備に問題はなかったか？」「事故防止の設備・システムは稼働していたか？」など。

Ⅴ
- 当局への連絡・手続きは、「迅速・正確・公正」に行う。
- マスコミへの対応は、「個人情報の保護」に留意する。
- 企業イメージの低下につながる報道には、会社が関与する範囲を正確・公正に示し、毅然とした態度で対応する。

＊善管注意義務違反→「善良な管理者の注意義務の違反」という意味であり、会社法上では取締役は会社に対してコンプライアンス等の義務を負い、権限をもっての判断や指示等で会社に損害を与えた場合、その責務を負わなければならない。

73

社内 管理・統制業務⑩

内部告発対策

◆順法性・社会性・透明性の高い企業風土づくり

企業は、社員が組織の問題点を申告できる窓口である**ヘルプライン**の設置や**公益通報者保護制度**＊の整備の前に、そもそも内部告発が起こらない職場環境づくりが重要です。「**順法性・社会性・透明性の高い企業風土づくり**」**が内部告発の基本対策**となるからです。

そのことを理解したうえで、もし内部告発によって「不祥事がある」とみなされ、当局の検査・捜査が行われ、報道されるようになった場合、**絶対にしてはならないのが事実の隠蔽・偽証**です。

内部告発の事案を隠蔽・偽証したのちに外部に発覚した場合、その経済的損失と企業としての信頼性へのダメージが計り知れないことはこれまでのマスコミ報道された企業事件を見ればよく理解できるのではないでしょうか。

よって、事件を起こした場合はメディアからの取材に対して公表すべきと判断した事実を正確に開示することがとても重要です。このとき、透明性のある情報開示こそが社会から好感を持たれる主因の１つだと理解して行動を考えます。

よく不祥事報道に「当局の捜査に影響を与えるといけないので……」という広報部からのコメントがありますが、それを社会が信じるかどうかはその企業の過去の透明性に大きく関わっているのです。

要するに、**内部告発が生じたときには、「自社は、順法性・社会性・透明性に欠けていた」と反省し、内部告発を奇禍としてその修復に取り組むことが基本の対応**になります。

内部告発対策のポイント

基本ポリシー

順法性・社会性・透明性の高い企業風土づくり

基本対策

[順法性・社会性]	[透明性]
企業倫理規範の策定・啓蒙	積極的経営情報の開示
企業倫理順守の監視・監督	情報の共有化促進
各種規則違反の公正な処罰	隠蔽発覚リスクの認識

具体的対策

1. コンプライアンス体制の整備
2. 通報窓口の設置
3. 通報者の保護体制の整備
4. 社内調査体制の整備
5. 告発後のフォロー体制

●公益通報者保護法の概要

告発者	会社員・公務員（派遣社員を含む）
通報対象	「生じている」または「まさに生じようとしている」法令違反
告発先	①勤務先、②行政機関、③その他（マスコミ、消費者団体）
③へ告発する条件	勤務先では証拠隠滅の恐れがあること
	勤務先に通報後20日以内に調査を行う旨の通知がないこと
	人の生命・身体への危害が発生する急迫した危険があること

＊公益通報者保護制度→国民生活の安心や安全を脅かすことになる事業者の法令違反の発生と被害の防止を図る観点から、公益のために事業者の法令違反行為を通報した事業者内部の労働者に対する解雇等の不利益な取扱いを禁止するもの。

74

社内 管理・統制業務⑪

情報セキュリティマネジメント

◆ 全社員への意識の醸成と具体的行動の促進

情報セキュリティマネジメントとは、企業・組織における情報セキュリティの確保に組織的・体系的に取り組むことです。その具体的な目的は、**ハッカーや社員を含む関係者による記録改竄・情報漏洩といった情報犯罪、ウイルス感染、コンピュータシステムの不具合などによるリスクを未然に防止**することです。

これには、ウイルス対策プログラムや不正侵入検知システムをコンピュータシステムに組み込んだり、アクセス制御を強化するなどの方法があります。しかし、そうしたシステム対策だけでは、情報セキュリティに関するリスクの根絶はできません。

なぜなら、情報セキュリティのリスクは悪意がない人でも引き起こすことがあるからです。例えば、システムの不具合はちょっとした設計・運用・保全のミスからも生じるし、情報漏洩は資料の置き忘れやメールの配信ミスなどからも生じます。

そこで、**最も重要な対策は全社員に情報セキュリティ重視の意識を浸透させ、その具体的な対策を実行してもらうこと**です。

また、悪意があって不正アクセスなどを起こそうと企む者も、情報セキュリティに対して堅固な対策を施している企業には警戒するものです。つまり、そうした企業姿勢を世間に示すことで、情報セキュリティに関する犯罪を未然に防ぐことにつながります。

その施策の１つとして、**国家資格の「情報セキュリティマネジメント」資格の取得**などがあります。

情報セキュリティマネジメントのポイント

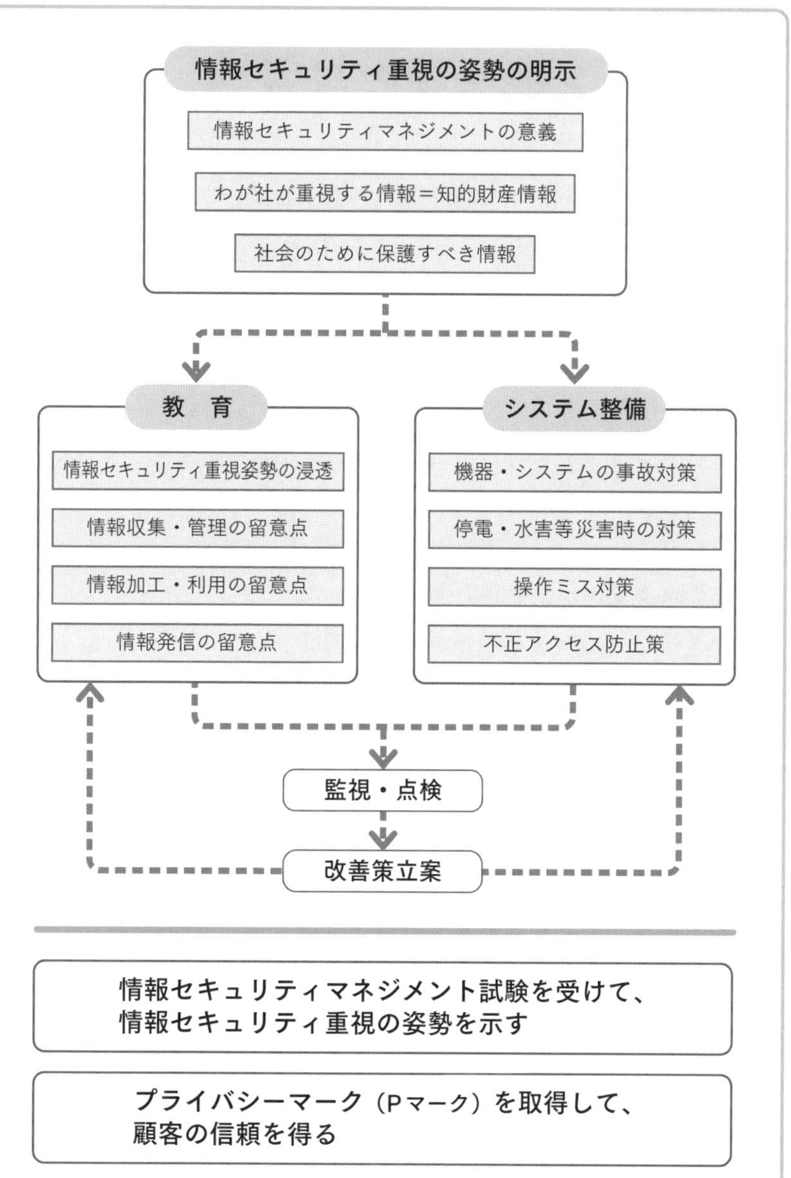

75

社内 管理・統制業務⑫

個人情報保護の対策

◆Ｐマーク取得の事務局としての役割

個人情報とは、「生存する個人に関する情報で、氏名、生年月日、住所、顔写真などにより特定の個人を識別できる情報」と個人情報保護法において定義されています。これは顧客の情報だけではなく、自社従業員の情報も該当します。そして個人情報保護法では個人情報を１件でも取り扱う企業等は「個人情報取扱事業者」として同法遵守の責務を負わなければなりません。

その責務とは、主に以下に示す事柄が該当します。

①個人情報保護の基本方針を策定・公表

②個人情報の漏洩があった場合の迅速な公表

③対策として「外部からの不正アクセス防御」「個人情報保護管理者の設置」「内部関係者のアクセス管理」

④情報管理を外部委託する場合の責任範囲の明示

特に、①個人情報保護の基本方針を策定・公表の「公表」の方法の１つに、一般財団法人日本情報経済社会推進協会が個人情報の取扱いが適切であり、基準に適合していると評価した企業に使用が認められる「プライバシーマーク（**Pマーク**）」の取得があります。

Ｐマークの認証取得は個人情報取扱の信用度の担保による取引上のメリットが享受できますが部署単位での取得は認められず、全社での取り組みになります。そのため、総務部をはじめとする管理部門が事務局を担うことが多く、その場合、２年に一度の更新も総務部等での対応となります。

個人情報保護に関する留意点

個人情報（個人情報保護法における定義）

生存する個人に関する情報で、氏名、生年月日、住所、顔写真などにより特定の個人を識別できる情報。生年月日や電話番号など他の情報と容易に照合することができ、それにより特定の個人を識別することができることとなるものも含まれる。メールアドレスもユーザー名やドメイン名から特定の個人を識別することができる場合は、それ自体が単体で、個人情報に該当する。

個人情報を扱うときの基本ルール

1.取得・利用 ▶勝手に使わない！

- 利用目的を特定して、その範囲内で利用する。
- 利用目的を通知又は公表する。

2.保管・管理 ▶なくさない！漏らさない！

- 漏えい等が生じないように、安全に管理する。
- 従業者・委託先にも安全管理を徹底する。

3.提供 ▶勝手に人に渡さない！

- 第三者に提供する場合は、あらかじめ本人から同意を得る。
- 第三者に提供した場合・第三者から提供を受けた場合は、一定事項を記録する。

4.開示請求等への対応 ▶お問合せに対応！

- 本人から開示等の請求があった場合はこれに対応する。
- 苦情に適切・迅速に対応する。

出所：政府広報オンライン
https://www.gov-online.go.jp/useful/article/201703/1.html#secondSection

76

社内 資産管理業務①

不動産管理

◆ 社屋等の使用管理のほか、遊休資産の活用・処分

企業には有形・無形の固定資産があります。

有形固定資産とは、事業活動上長期にわたり所有し使用する「形の有る」資産のことです。企業が所有する土地、本社・事業所・工場等の建物、保養施設、社宅・寮などの不動産のほか営業車両なども有形固定資産に該当します。なお、機械装置・車両運搬具・工具などの有形固定資産は工場や事業所などが直接管理し、総務部では間接的に管理するにとどまります。

一方の**無形固定資産とは、1年を超えて使用する「形の無い」資産**のことです。特許権・実用新案権・商標権・意匠権等の産業財産権、ソフトウェア、ブランド・ノウハウ等営業権であるのれんなどが無形固定資産です。

このうち、**総務部が担う不動産管理は、固定資産台帳による方法が基本**です。台帳には土地・建物・構築物など、すべての資産の内容（面積・規模・型式等）と所在地、価格と減価償却の経過その他を記載します。不動産をめぐっては賃貸借等で紛争が起こることもあるので、他者から異議申し立てがあったときに備えてきちんと記録しておくようにします。

また、不動産管理は本業の営業活動での使用といった「守り」の管理のほか、不動産の有効活用といった「攻め」の管理もあります。例えば、当面使用予定のない土地や建物にも固定資産税が課されるので、売却や駐車場としての活用などの検討も総務部の大事な仕事です。

固定資産管理のポイント

■不動産管理

不動産管理は「固定資産台帳」が基本

資産の内容（面積・規模等）・所在地・減価償却の経過その他を記載

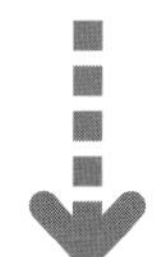

定期的確認

- 現状把握→紛争の防止
- メンテナンス・改修
- 遊休資産の有効活用→売却（固定資産税の削減）
→別途利用の検討

■企業の有形固定資産

土地、本社・事業所・工場等の建物、寮・社宅、保養・スポーツ施設等の不動産	総務部で直接管理
器具・備品等	各部門で管理 総務部は定期的な点検・運用チェック
機械装置・車両運搬具・工具	各部門で管理 総務部は間接管理を行う

77

社内 資産管理業務②

用度品管理

◆ 常備品と非常備品がある

用度品とは、会社で購入するモノのうち、生産のための原材料や販売のための仕入れ商品を除くすべてです。すなわち、**事務処理業務に必要とされる物品であり、文具等消耗品、帳票等の印刷物、コピー用紙等の事務用品、オフィス家具等の什器・備品など**があります。

用度品の管理方法には、総務部による集中管理と、各部門・各事業所による分散管理があります。企業規模によっては総務部では特定の品目のみ集中管理を行い、そのほかは購入基準や管理規定を設けたうえで各部門ごとに購入・管理する方法もあります。

また、用度品は常備品と非常備品に分けられます。常備品とは日常的に使用する事務用品・帳票類など、管理担当が計画的に購入し、適量の在庫を保有しておく用度品です。

まず、購入基準に基づいて年間購入計画を立て、発注先を選定、見積書を取り、決裁を得て発注します。配分は、配分計画や各部門の要求に応じて行いますが、その際、必ず備品管理台帳などに記入します。さらに、年に一度は棚卸しを行い、現品と台帳が一致しているかを確認します。

非常備品とは必要に応じて購入する用度品のことで、これも備品管理台帳に基づいて管理します。なお、固定資産に該当するものは固定資産台帳で管理します。什器・備品類は破損・修理・廃棄・買い換え等をする場合、修理依頼書等の書式の準備が必要です。

さらに、固定資産の場合は減価償却による管理が必要です。

用度品管理の方法例

表計算ソフトで作る備品管理

202X年度　用度品管理表　　No.

品目	品名	管理番号	メーカー	商品番号	保管場所	担当者	納入日	納入数	使用数	在庫数
筆記具	スムースペン	100-15	令和鉛筆	RPSP-05	本社倉庫	島田	4/15	500	480	20
ノート	令和ノート	100-25	令和文具	2261	本社倉庫		4/15	300	290	10

トヨタ「カンバン方式」による備品管理

用度品管理カード		
発注数	発注点	発注日
500	50	202X/4/15
品名	スムースペン	
発注先	オフィスサプライ社	
担当者	島田	
備考	同商品廃番予定	

- 保管場所の棚にこのようなカードを貼り付ける
- 発注点とは補充を知らせる最小在庫数

消耗品管理システムの活用

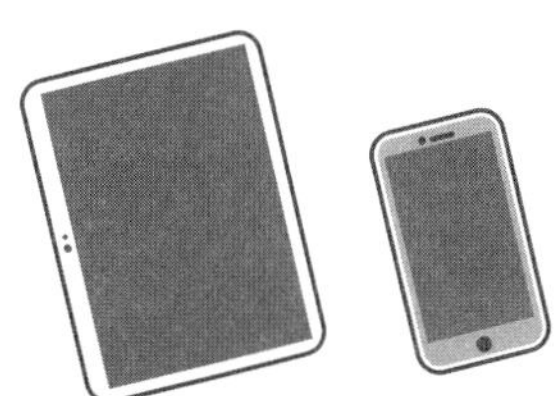

- 在庫管理システムを応用し、用度品管理をタブレットPCなどのデバイスでリアルタイム管理を行う

78

社内 資産管理業務③

車両管理

◆ 車両管理規程に基づく管理

車両管理の対象となるのは社有車ですが、それは**企業が所有している車両に限定せず、リース・レンタル・カーシェアの車両、社員の自家用自動車を業務に使用する場合**も含みます。

そして車両管理は車両管理規程を作成し、車両管理、運行管理、運転者管理、車両や運行にかかる経費管理、そしてエコドライブの推進といった環境への負荷低減に関する環境管理を規定します。なかでも安全運転につながる運転者管理は重要です。**何といっても事故防止が第一であり、運行管理とも絡む運転者の労務管理と安全運転教育を中心に車両管理**を進めます。

道路交通法では業務に一定台数以上の車を使用している場合、安全運転管理者の配置を義務づけています。その主な業務は、安全に留意した運行計画の作成や交代要員の配置、緊急事態対策、運行前の運転者の状態確認、運転者に対する教育・指導などです。

運行管理では、まず社有車の使用規定を設けます。また、環境管理の面からも、車の不必要な使用は避けるべきです。そこで、安全かつ効率的な運行管理を図るために、社有車使用の基準や保守・整備、運行記録の提出、そして事故対策などを定め、その遵守を励行することが重要です。

マイカーの業務利用にあたっては、利用中のガソリン代の会社負担のほか、保険料や買い換え時の補助（減価償却の見合い分）、事故が起きた際の負担割合などについても明確に定めておきます。

車両管理規程に記載する主な項目

管理責任者	統括管理部門を総務部とした。実際に運行するのは使用する部門だが、それぞれの部門に任せきりにするのではなく、統括管理部門は必要である。
安全運転管理者	道路交通法の定めにより、乗車定員11人以上の自動車は1台以上、その他の自動車を5台以上使用する事業所は安全運転管理者の設置が義務づけられている。使用台数に応じて安全運転副管理者の選任が必要。
車両管理台帳	車両本体情報（車名、メーカー名、登録年、車体番号、ナンバー等）や車検や定期点検に関する情報、修理等メンテナンスに関する情報、事故の履歴、安全運転管理者の氏名等、保険に関する情報等が一覧できるようにする。
運転者台帳	交通事故発生時等に際して必要になる。運転者に関する基本情報や運転免許証の記載内容、違反歴等。
安全運転への注意	道路交通法を逸脱する行為を認識し、無事故無違反の安全運転を実行するための注意喚起を促すための施策を明記する。
車両保険	自動車損害賠償責任保険および任意保険の加入状況の記載。
私有車の業務使用	会社が使用を許可した私有車の業務使用での交通事故は会社責任での損害賠償責任を負うことになる。よって、私有車の業務使用の基準を明確にし、統括管理部門への届出を義務づけるよう明記する。

79

社内 庶務関係業務①

受付業務

◆ 接遇マナーの教育

受付は、社外と社内をつなぐ接点です。そして受付業務を派遣会社に委託したり、受付専用の電話などを設置して来訪者が訪問部署に直接連絡する方式を取り入れている企業もあります。

しかし、**派遣社員であろうと受付電話であろうと、最初の応対がその企業を印象づけることに注意が必要**です。接遇する際の姿勢や話し方によって、企業イメージは大きく左右されます。それは、会社の業績にさえも影響しかねないからです。それだけに、受付での応対についてはきちんと教育しておくことが重要です。

あわせて、**各部門で外部からの電話を直接受けるときも、社員の誰もが「受付＝会社の顔」という意識を持って対応するように総務部が社内に周知**しておきます。

また、警備員については受付に比べて無愛想になりがちですが、来訪者への基本的な接客態度について総務部で確認し、会社としての対応姿勢の理解を促します。

会社宛てに外部から来る文書は、一般には総務部で受け付け、それから関係部門・関係者に配付するという形がとられます。配付が滞っては業務遂行にも支障を来すので、作業は速やかに行うことをルール化します。

ただし、特定部門や個人宛てでないものは総務で開封して内容を確認し、関係部門に回付する、または廃棄するなどこれも適切な処理方法をルール化しておきます。

受付業務の基本

■受付業務10ヵ条

①来訪者を待たせない
②常に笑顔で、言葉遣いは丁寧に
③きびきびした態度で、折り目正しく
④相手の目を見て話す
⑤アポがあれば、スピーディーに取り次ぐ
⑥待たせるときは、その理由と待ち時間を告げる
⑦責任のある受け応えをする
⑧来客が複数の場合は、同伴者にも配慮を
⑨来客が帰るときは、快い見送りを
⑩来客に対するときは、社内の人間に敬称はつけない

80

社内 庶務関係業務②

秘書業務

◆ 経営トップ層の補佐業務

秘書は会長、社長、役員など会社の経営トップ層を補佐するもので、企業によっては受付業務と同じ部署に置かれています。経営者に対する外部との窓口となる秘書は、あらゆる活動をサポートすることにより機密保持を伴う業務も多いため、社員が担うことが多いですが、秘書の資格を有する派遣型の秘書業務の代行もあります。

大手の企業では会長、社長をはじめ各役員にも１人ずつ秘書を付けていることは珍しくありません。また、秘書室や秘書課などで本社の全役員を補佐するというケースもあります。そして秘書業務は会長や社長をはじめとする使用者の役割によっても求められる仕事のレベルが様々であり、使用者の特性をよく理解しなければ適切なパフォーマンスが発揮されない特異性があります。

その秘書の主な業務は、**使用者のスケジュール管理、来客・電話の応対、外出時の配車や出張の手配・準備、使用者宛て文書の管理、交際関係の維持・管理などですが、このほか名刺の整理といった細かい仕事も多く、機転や気働きが要求される職務**でもあります。

また、経営トップは経営責任が大きいだけに、多くの情報を必要としています。したがって、**資料収集と選別・整理も秘書の重要な仕事**になります。新聞や雑誌などからの通常の資料収集だけでなく、特命調査を依頼されることもあります。これは機密保持のためという場合が多く、秘書としては慎重に対処するとともに、機密管理にも万全を期すことが求められます。

秘書の主な仕事

- 上司のスケジュール管理
- 上司への来客・電話応対
- 外出時の車の手配
- 出張時の列車・航空機や宿泊の手配
- 上司宛ての文書管理
- 交際関係の維持・管理
- 訪問先への贈答品（手みやげ）の選定
- 資料の収集・選別・整理
- 特命調査　ほか

◎秘書業務は属人的要素が強い

上司により、秘書に期待する機能が異なる

◎基本的に求められる能力

機転・気働き、機密保持

81

社内 庶務関係業務③

社内行事・イベントの運営

◆ 定例的行事と非定例的行事の事務局

企業には大小様々な行事があります。なかでも重要度の高い行事や全社的に実施される行事は、総務が準備・運営事務局となります。

行事には、**株主総会や取締役会、役員就任披露会、経営方針・経営計画の発表、年始祝賀式、入社式、成人式、社内スポーツ大会といったように定例化しているもの**と、**本社ビル竣工式典、周年記念式典、社葬など非定例的なもの**があります。

定例的な行事・イベントは、日程と方針を早めに決めておけば、例年の準備・運営要領に基づいて基本的なことは進行できます。ただ、そのままではマンネリ化しがちなので、今回なりの企画・演出を加える工夫は必要です。

会社の創立記念日も毎年のことではありますが、10周年とか20周年といった特別の周年以外は、それほど派手に行われません。役職者が集まる式典に続いて、永年勤続表彰などの社内表彰を行う程度で、あくまで社内行事として実施するのが普通です。

特別の周年では「創立○○周年記念」として社外の関係者を招き、式典とパーティーが開催されます。周年記念事業としては、ほかに社名変更、記念論文の募集、記念コンサート、環境保護支援、会社施設の開放といった活動が実施されることもありますし、社史を刊行する企業もあります。周年事業の企画は、そのときの社会情勢や企業環境によっても左右されますが、企業の新たな出発を図る意味で、地味でも何らかの活動を考えたいものです。

社内行事・イベントの種類と運営例

定例的行事・イベント	株主総会、取締役会、役員就任披露会、創立記念式典 経営方針・経営計画の発表、年始祝賀式、入社式、成人式 社内スポーツ大会、全社大会など
非定例的行事・イベント	本社ビル等の竣工式典、周年記念式典、社葬など

行事の内容・日程・予算・出席・参加対象および予定者数（会場の決定）

●社外の会場で行う場合は会場の担当者と綿密な打ち合わせ

運営プログラムの作成
準備スケジュールの作成

●定例化しているものは企画・演出を工夫

準備ー社外の人を招く場合は招待状の準備・発送
社内通知・PR
講演・祝辞等の依頼
必要な機器類の手配・点検
出席者の人数確認
記念品の決定・手配

会場設営・設定、飲食類の準備
招待者への対応

第3章 対社内・対社外の総務の仕事

82

社内 庶務関係業務④

社内広報

◆ 社内共有する情報の伝達

総務部は全社的なコミュニケーション機能を担う部門であり、全社員が知っておくべき情報、伝えておかなければならない情報を社内に通知・通達する役割を負っています。

例えば、経営方針や経営計画、組織変更、人事異動、就業規則や社内規程の改定といった企業活動上の重要決定事項から、夏季休暇のお知らせ、保養施設の利用案内などの福利厚生関連通知に至るまで、会社には通知・通達事項が多く発生しますが、その際には適切な手段で全社に周知することが大切です。

また、新規事業提案や安全週間キャンペーンといった全社的な活動を展開する際も社内 PR が必要です。

こうした**社内広報は、一般に総務の仕事**です。すでに幹部会議や連絡会議などを通じて全部門・全社員に伝えられている情報であっても、重ねて通達することによって、周知徹底を図ります。

◆ 社内への周知方法

通知・通達は、簡潔に文書化して配付や回覧をしたり、社内に掲示するなどの方法があります。

通達事項によっては、その内容をさらに詳細に伝え、社員のより深い理解を促す必要も生じます。そうしたときは詳報性のある社内報を利用して、より具体的な説明を加えるなど、目的に応じて広報のためのツールを適切に使い分けるようにします。

社内広報の例

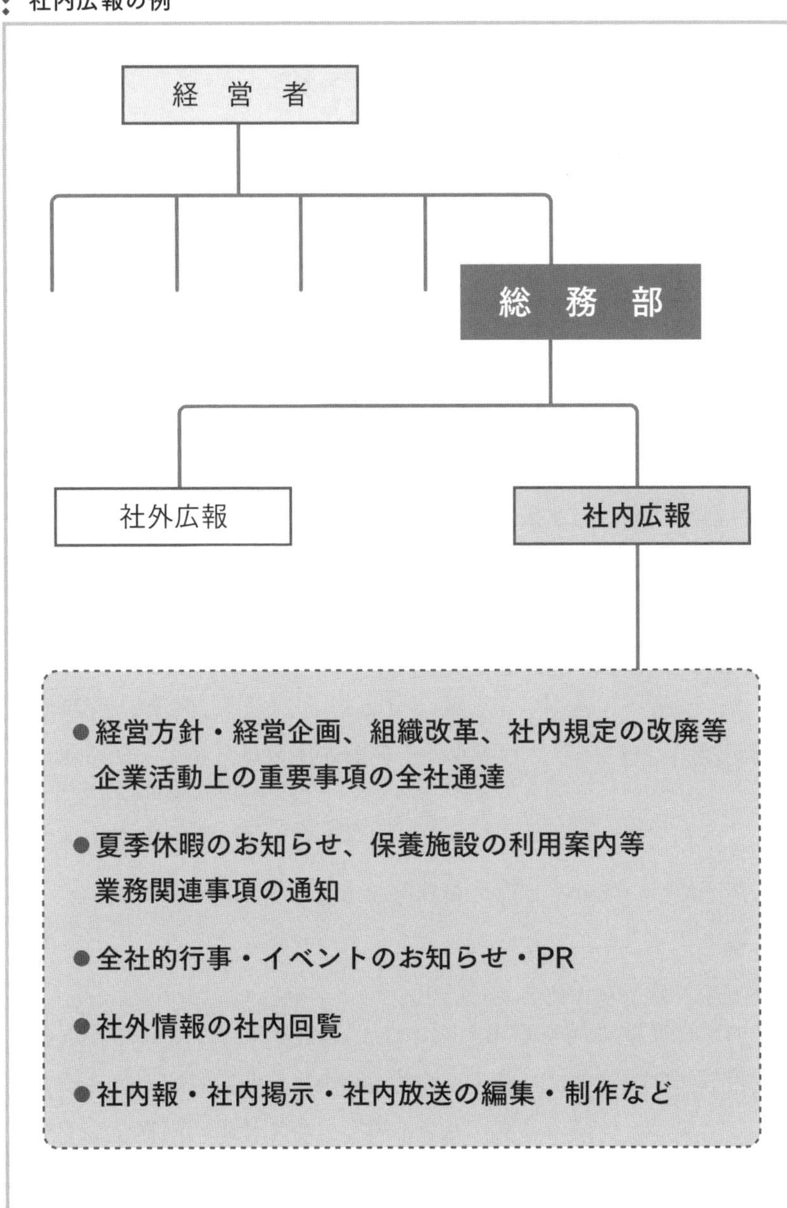

経 営 者
総 務 部
社外広報
社内広報
●経営方針・経営企画、組織改革、社内規定の改廃等
企業活動上の重要事項の全社通達
●夏季休暇のお知らせ、保養施設の利用案内等
業務関連事項の通知
●全社的行事・イベントのお知らせ・PR
●社外情報の社内回覧
●社内報・社内掲示・社内放送の編集・制作など

83

社内 庶務関係業務⑤

社内報の編集・発行

◆ 印刷物やWebなど読み手の閲読環境に合わせる

社内報は社内広報メディアの重要なツールとして、多くの企業で発行されています。その形態には一定のルールがあるわけではなく、会社の規模や業種・業態、実状などを考慮して独自のものであってかまいません。しかし、「他社が出しているから当社も」といった安易な考えでは単なる経費の無駄遣いです。**社内報にはその発行目的はもちろん、誰のために何を伝えるかという編集方針が重要**になります。

例えば、経営・業務情報の伝達、社内コミュニケーションの円滑化等の目的のもとに、経営に役立つ社内報とか情報共有・問題提起型の社内報といった編集方針が定められます。

こうした方針に基づいて、発行形態（月刊・隔月刊・季刊等）や読者対象（配付先）、発行部数、判型などの概要が決められます。社内報に速報性を求めることはあまりありませんが、同じ情報を載せるにしても月刊と季刊では鮮度が大きく違ってきます。季刊の場合、速報性を有する情報については不定期の業務報を出すなどの例もありますが、要は社内メディアとして社内報をどう位置づけるか、それによって発行形態などを考えます。

社内報は新聞や冊子等印刷物のほか、Webやアプリ、動画などその発行形態は様々です。読み手の閲読環境に応じた選択ができるということですが、社員の家族にも読んでもらうために印刷物にして持ち帰ってもらうことを意図したものもあります。これは従業員エンゲージメントの一環としての施策でもあります。

社内報の基本的な編集ポイント

①「読者は誰か」をはっきりさせる

●社員限定なのか、社員の家族も対象なのかで編集内容が変わってくる。社内報だけでなく、PR誌等も「誰が読むのか」を基点にして編集内容を考える。

②編集コンセプトを明確にする

●会社情報の共有、社員とその家族とのコミュニケーション、関係会社とのコミュニケーション等その発行目的に即した編集コンセプトを明確にすることで編集方針が規定できる。

③年度計画を立てる

●次年度に向けて、発行時期に合わせた特集記事や連載記事の1年間の計画をしっかり立てることで編集方針にブレなく刊行できる。また、外部委託を含めた1号あたりの編集・発行スケジュールも詰めておく。

④執筆・編集体制を整備する

●総務や広報の社員が記事を作るのか、外部委託するのか等執筆・編集の役割を明確にする。

⑤予算内で収める

●取材等には想定外にコストを要することがある。1号あたりの予算を決めたら、その範囲内で収める工夫が大事。

⑥著作権管理をしっかり行う

●編集を外部に一括依頼する場合でも、社内の担当者は著作権違反がないかのチェックは必ず行う。そのために、担当者は著作権の基本知識を修得しておく。

⑦発行後の振り返り

●発行後はどの記事が人気だったか、あまり関心を持たれなかったかなど毎号振り返りを行い、それを次号に活かす。

84

社内 庶務関係業務⑥

全社的活動の実施主体

◆ 自律的な組織風土の構築を目指す

企業では、あるテーマのもとに全社的活動が実施されることがあります。例えば、新規事業や業務改善などの提案推進月間、安全推進キャンペーン、環境月間などです。こうした活動は**全社員の意識高揚を図り、自発的な参加・実行を促す目的で実施されるもの**です。

業務改善運動を例にして、全社的活動の進め方を見てみましょう。

全社的な活動は計画的・組織的な推進が基本です。まず、各部課ごとに推進役となる委員を任命し、業務改善委員会を組織します。その委員会が運動の日程や具体策を検討する基盤になります。社員が日常業務の中で実施できる改善を中心にして、自組織内でもよいですし、全社的に展開できるものでもよいので、気軽に実行できるアイデアを多く募ります。

これらのアイデアを業務改善委員会内で検討し、絞られたアイデアは経費を要するものは経営層とも協議して本採用を決定します。それを社内に展開し、目標に対する実績などについては定期的に全社に発表します。また、運動期間中は社内報でも実施状況や経過の報告を行います。さらに、社内通知、ポスターの掲示などで次回以降に備えての展開を図ります。

こうした社内活動は年に１回もしくは２回程度、期間は１カ月ほどで実施します。提案活動の意識が社内に定着すれば、自律性のある組織風土の構築にもつながります。最終的には、それをゴールとして目指したいものです。

全社的活動の実施プロセス（例）

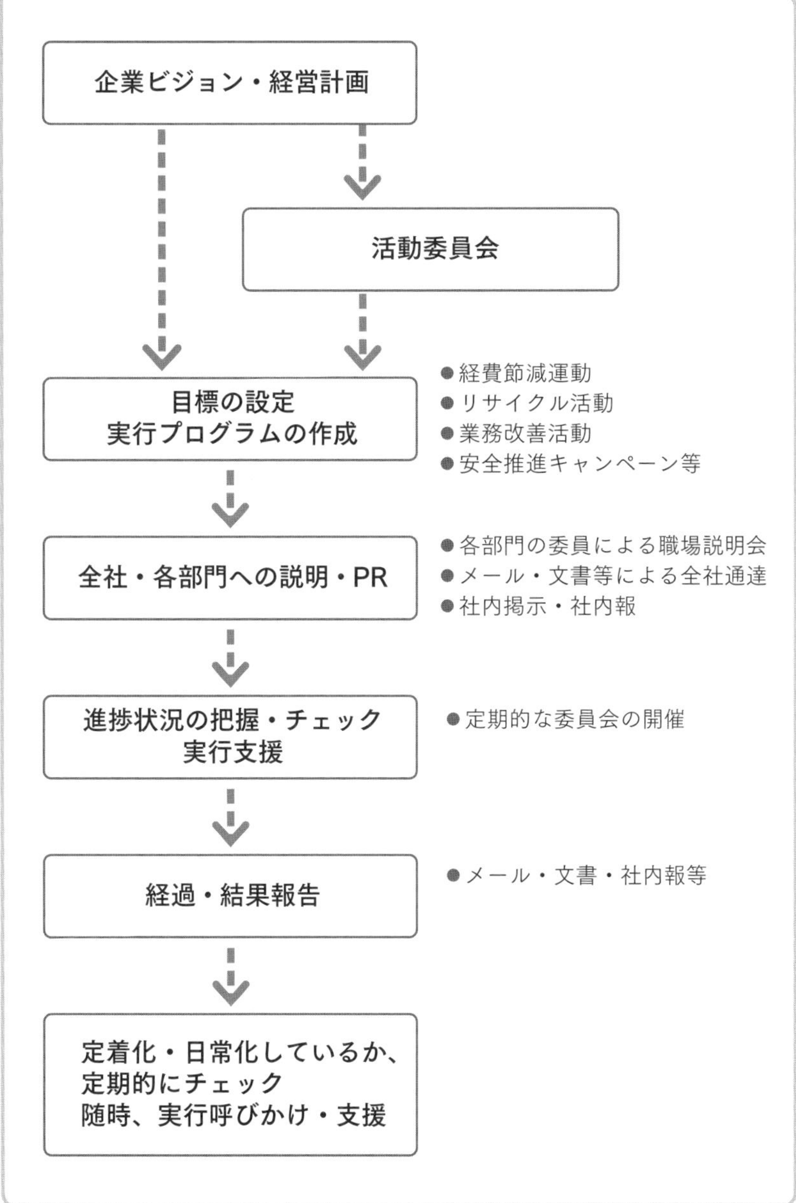

85

社内 人事・労務・福利厚生業務①

募集・採用

◆ 新卒採用

社員の募集・採用は、中期・短期の人事計画に基づいて実施されます。**新卒の定期採用に関しては、各部門における退社予定者数の把握、要求人員数を把握し、人事計画に照らして採用人員を試算**します。ただし、各部門からの要求人員は検討項目にとどめ、人事担当で全社的な人員配置を的確に見極めたうえで決定します。

採用職種とその採用人数を決めたら、いよいよ募集活動に入ります。**新卒募集は、大学への求人PR、就職情報媒体への掲載、自社のWebサイトへの採用情報のアップなどのほか、就活学生への採用DMなど**により進めます。

各企業とも新卒採用の競争は激化しています。他社に遅れを取らないよう、早めに採用活動スケジュールを立て、入社案内などの資料作成も早め早めの対応が重要です。

◆ 中途者の通年採用

企業は即戦力の補充などで、中途入社の通年採用は年々増加傾向にあります。**通年採用は景況に合わせて人員の規模を調節できるとか、国際化や多角化など、その時々の戦略に応じて社外のスペシャリストを確保できるなどのメリット**があります。そうした場合、当初は契約社員として採用し、実績に応じて本採用となるケースもありますが、単に「使い捨て」にならないよう配慮するとともに、契約時には細かい部分まで明確に取り決めておく必要があります。

定期採用活動の基本的な流れ

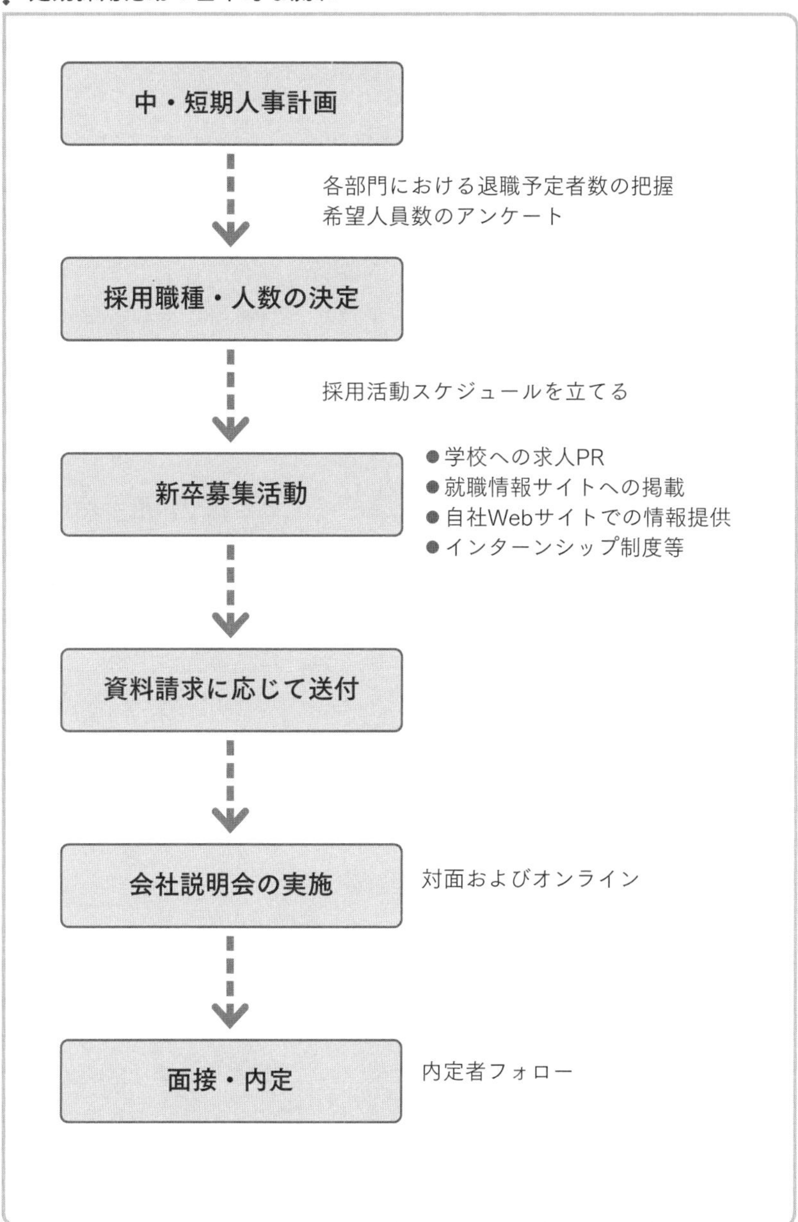

86

社内 人事・労務・福利厚生業務②
配置・異動

◆公平・公正さをもって実施する

配置と異動は業務の円滑な推進や人的資源の有効活用のうえから、適切に行われなければなりません。配置は適材適所により実施することが基本ですが、適性や能力の見極めは簡単なことではありません。したがって、本人の希望と直属上司の公平かつ公正で客観的な判断により実施することが求められます。

配置を検討する際の参考資料として、多くの企業で活用されているのが自己申告書です。職場や職種に対する意見や感想、異動や将来に対する希望、人間関係の問題等々、社員１人ひとりの意見や要望などを聞き、問題があれば管理者と話し合う機会をつくるために自己申告制度は取り入れられています。その結果、配置替えや異動が本人のためにも組織のためにも望ましいとなれば、できる範囲で実行します。

人事異動は、組織変更や社内の気分刷新・活性化、人材育成などもねらいとして実施されます。異動は昇進・昇格あるいはその逆といった職位の変更を伴う場合も多いので、配置以上に十分な検討と慎重な対応が必要です。

異動の検討にあたっては、人事考課も参考資料として重視されます。人事考課は能力効果と実績効果に分けられますが、あくまでも上司が部下をチェックするものであることから、評価者である上司の公平・公正かつ客観的な評価が重要になります。したがって、**人事異動は適切な人事考課、昇進・昇格試験の結果や自己申告書、さらに人事検討委員会の推薦など総合的判断に基づいて実施することが肝要**です。

自己申告書の基本項目

自己申告書

令和　年　月　日

氏名		勤続年		部署	
役職		入社日			

①現在の主な業務

●現在の仕事内容を箇条書きで記入

②現在の仕事に対する評価

●仕事そのものの満足度や仕事量、適性や興味のレベル等を自己評価

③1年間に取り組んだ目標

●個人の重点目標とその達成度を自己評価。達成または未達成の要因を自分の言葉で振り返る

④キャリアの展望

●将来のキャリアについて、短期（1〜2年）、中期（3〜5年）、長期（10年からその先）などそれぞれの人生のステージにおける目標や展望を自由回答

⑤異動等の希望

●今後の自己成長にあたっての異動、転勤、昇任または降任等について回答

⑥職場の状況

●現在の勤務状態や人間関係等働く上での支障がないかを確認

⑦その他自由回答

●ワークライフバランスの充実度合いや自身の特性や苦手なことなどを自由に記入

⑧上司や人事部の所見

●管理責任者や人事担当の所見を記入

87

社内 人事・労務・福利厚生業務③

社員教育の実施・サポート

◆ 効果の高いOff-JTの取り組み

社員教育にはOJT(On the Job Training)、Off-JT、自己啓発の3つの方法があります。OJTは職場での実務教育であり、自己啓発は個人の自主性が尊重されます。

したがって、会社が計画的に実施する社員教育は主にOff-JTということになります。これには、**階層別**（**新入社員、中堅社員、管理・監督者、経営幹部等**）、**職種別**（**総務、経理、営業、販売、技術等**）、**テーマ別**（**PCスキル、問題解決、コミュニケーション、キャリアプラン等**）**研修**があります。また、その方法には集合研修、合宿研修、eラーニングなどがあります。

社員教育では比較的容易に実施できるOff-JTに注力する企業は多いですが、教育は一過性のものでは効果は弱く、全社的な人材育成計画のもとに体系的で継続的に実施することで、その効果が業務で発揮されるものです。

そこで、**Off-JTにOJTを連動させ、社員の能力・知識・技術の向上を図り、さらに社員の自己啓発へとつなげていくことが大切**になります。そのために行うべきことには以下のようなことがあります。

①教育研修目的の明確化

②教育プログラムのカスタマイズ

③対象者および教育ツールの選択、研修講師の選定

④研修時のサポートとフォロー

⑤実施後のアンケートや反省会による振り返り

社員教育３つの方法

OJT（職場内研修）

Off-JT（職場外研修）

階層別教育	新入社員研修、中堅社員研修、 管理・監督者研修、経営幹部研修、 中途採用社員研修等
職種別研修	営業社員研修、販売担当者研修、技術者研修、 総務・経理担当者研修、店長研修、 考課者訓練等
テーマ別研修	ビジネスマナー研修、PCスキル研修、 問題発見・解決訓練、創造性開発訓練、 キャリア開発、リーダーシップ強化訓練等
そ　の　他	専門研究機関への派遣、 国内・海外企業・団体への派遣等、 社外講習会・セミナーへの参加等

自　己　啓　発

通信教育、eラーニング、外部セミナー参加、海外・国内留学

88

社内 人事・労務・福利厚生業務④

労働時間の管理

◆ 労働基準法を厳格に遵守することが基本

労働基準法第32条で定められている労働時間は、休憩時間を除き週40時間、1日8時間が原則です。一方、業務の繁閑や特殊性に応じた柔軟策として、小売業・ホテル業・飲食業等で**変形労働時間制**が導入されてきました。**変形労働時間制には1カ月単位、1年単位、1週間単位**があります。いずれも労使協定（1カ月単位については就業規則でも可）で一定事項についての定めが必要であり、**1カ月単位と1年単位については労使協定を労働基準監督署に届け出**なければなりません。また、**フレックスタイム制**については就業規則等で始業・終業時刻を社員に委ねる定めが必要ですが、労使協定の届出は不要です。

休日は、毎週少なくとも1回の休日を与えることとされていますが、**4週間を通じて4日以上の休日という変形**も認められています。**休憩時間は、労働時間が6時間を超える場合は最低45分、8時間を超える場合は最低1時間を与えるべきこと**が定められています。

社員を時間外や休日に労働（残業）させるときには労働者の過半数で組織する労働組合または労働者の過半数を代表する人と書面で協定を結び、所轄労働基準監督署に届け出ることが労働基準法第36条で義務づけられています。

この協定は「**時間外労働・休日労働に関する協定書**」であり、通称「**36協定**」（サブロク協定）です。36協定では、労働時間を延長して労働させる場合について、**1カ月で45時間、1年で360時間を超えてはならない**とされています。

変形労働時間制について

	1カ月単位の変形労働時間制	1年単位の変形労働時間制	1週間単位の非定型的変形労働時間制	フレックスタイム制
対象期間	1カ月以内の一定期間	1カ月を超えて1年以内	1週間	清算期間は1カ月以内
効果	特定された日や週において法定労働時間を超えて労働させることができる	特定された日や週において法定労働時間を超えて労働させることができる	繁閑の差が生ずることが多く、あらかじめ各日の労働時間を特定することが困難な小規模のサービス業に事前の労働日、労働時間の特定を免除	就業規則その他これに準ずるものにより、その労働者に関わる始業および終業の時刻をその労働者の決定に委ねることとした労働者について、法定労働時間を超えて労働させることができる
規定	労使協定または就業規則その他これに準ずるもの	労使協定	労使協定	労使協定
労使協定の有効期間	定める	定める	定め不要	定め不要
届出	必要	必要	必要	不要

89

社内 人事・労務・福利厚生業務⑤

休日・休暇の管理

◆休暇制度が十分活用されるように全社を指導する

時短の推進は所定内時間や労働形態を変更していくこともさることながら、**休日・休暇制度を整備し、従業員のワークライフバランスを考慮した制度を創造**していくことも大切です。

多くの企業では週休２日制が一般的ですが、なかには変形労働時間制による週休３日制や週休４日制を取り入れている企業もあります。

休暇制度では、年次有給休暇を法定日数を超えて設定したり、年休積立制度の導入、夏季および年末・年始休暇の延長など、既存の制度の充実を図るケースや、永年勤続者のリフレッシュ休暇を導入するなど様々なパターンが見られます。

さらに、新しい休暇制度も登場しています。例えば、**ボランティア休暇**、本人・家族の誕生日や結婚記念日が休日にできる**メモリアル休暇**、公的資格の取得を目的にした**教育休職制度**などです。**育児休業制度**や**介護休業制度**は法制化によって各企業で取り組まれています。

労働時間や賃金を含めた労働条件は、同業他社や地域相場に横並びする傾向がありますが、休日・休暇制度に関しては企業独自のアイデアによるものが多い印象を受けます。

総務部では自社の事業形態や労働形態を考慮しつつ、社員のニーズに耳を傾けて、精神的なゆとり・豊かさを独自に追求していくことも必要です。それが社員の士気を高め、ひいては会社全体の社会的評価にもつながっていきます。もちろん、休暇制度が十分に活かされるよう、各職場を指導することも総務部の務めです。

休日・休暇の管理

休日と休暇の違い

休日とは…

- 労働の義務を負わない日
- 労働基準法による1週間1日または4週間に4日の法定休日ほか、それ以外に会社が付与する所定休日

休暇とは…

- 会社が労働義務を免除する日
- 年次有給休暇や育児・介護休業等の法定休暇と、慶弔休暇やリフレッシュ休暇などの法定外休暇がある

法定休暇の種類

休暇	内容
年次有給休暇	一定期間出勤し、会社の定める出勤率に応じて休暇日数が付与される
介護休暇	要介護状態の家族の介護に対し、その家族が1人の場合は年5日、2人以上なら10日の休暇が取得できる
子の看護休暇	小学校就学前の子の疾病や怪我等の看護に対し、その家族が1人の場合は年5日、2人以上なら10日の休暇が取得できる
生理休暇	社員本人の生理休暇取得申請があれば必ず認めなければならない

法定外休暇の種類

休暇	内容
慶弔休暇	社員本人の結婚や家族の弔事に際し、付与条件や休暇日数は会社ごとに規定される休暇
夏季休暇	8月中旬のお盆の時期を中心に会社ごとの事情に合わせて付与される休暇
年末年始休暇	官公庁の年末年始の休暇を中心に会社ごとの事情に合わせて付与される休暇
リフレッシュ休暇	10年や20年など継続勤務の報奨とねぎらいに対して付与される休暇。休暇と共に金銭を支給する会社もある
ボランティア休暇	激甚災害等へのボランティア活動を申請した者に付与される休暇。条件や日数は会社によってだいぶ違いがある
裁判員休暇	裁判員制度に応じて裁判員として参加する日数を公務扱いとして付与する休暇

90

社内 人事・労務・福利厚生業務⑥

賃金体系の整備

◆ ジョブ型人事制度からの検討も視野に入れる

終身雇用制や年功序列制、人件費管理の見直しが求められるなかで、個人の能力・実績を重視した**ジョブ型人事制度**に基づく賃金制度への関心が高まっています。それに伴い、基本給に占める年功給の比重を下げ、職務（ジョブ）遂行能力に応じた**職能給**の比重を上げる賃金体系に移行する企業も増えてきています。

新しい賃金体系の制定には職能資格制度の整備が先決です。職能資格制度とは、新入社員から管理職まで社員１人ひとりの職務遂行能力に基づいて職能資格等級を定めることであり、この職能資格等級を基準に定められた賃金が職能給です。賃金体系の基本給は、職能給を中心に置き、それに年齢や勤続年数等、社員の属人的要素で決められる本人給で構成されます。基本給のほかには、生活給の要素が強い手当（家族手当、役職手当など）が加えられます。

こうした見直しの中で、もう１つの顕著な傾向は、複線型の賃金体系です。一般職は従来どおり、そして管理職や専門職には年俸制を導入する方法です。賃金は自分の実力で得るものという意識が浸透するにつれ、一般職にも適用する企業が出始めていますが、欧米のような完全年俸制とはいかず、年功部分も残した「**日本的年俸制**」です。

賃金は社員の生活の糧でもあり、企業の事情ばかりを優先できませんが、社員の生活安定と企業の活力の維持・向上をどう両立させていくか、総務部としては１つの形に満足せず、賃金制度・体系の手直し・検討を継続的に進めていくことが肝要です。

賃金について

賃金体系

基本給

【職能給】職能資格制度における職能資格等級を基準に定められる

【本人給】年齢・勤続年数等、社員の属人的要素に基づいて決められる

手当

【家族手当】　【役職手当】等

年俸の決定と評価の手順（例）

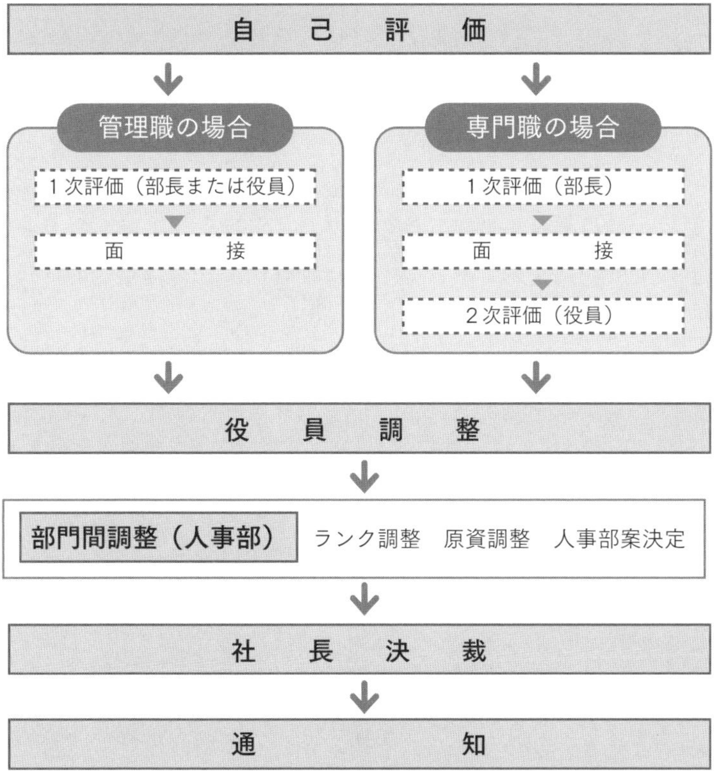

自己評価

↓

管理職の場合

1次評価（部長または役員）
▼
面接

専門職の場合

1次評価（部長）
▼
面接
▼
2次評価（役員）

↓

役員調整

↓

部門間調整（人事部）　ランク調整　原資調整　人事部案決定

↓

社長決裁

↓

通知

91

社内 人事・労務・福利厚生業務⑦

福利厚生施策

◆ 外部サービスの活用で従業員満足度の向上を図る

福利厚生は、社員や家族の生活福祉を向上させることで仕事の意欲を高め、業務の能率や生産性を上げ、その結果、企業の目的達成に貢献することを期待する人事・労務管理上の一手段です。したがって、企業独自の戦略的な意図を持って実施されなければなりません。

福利厚生の原点といわれるのは、慶弔見舞金や住宅資金融資制度などの生活援助施策ですが、これは給与の生活関連手当（家族手当、住宅手当等）とともに社員から期待されている施策だけに、運営には公平性が求められます。また、社宅・社員寮、保養所、食堂、体育館等の厚生施設も社員福祉に資するものであり、自社保有の場合はもちろん、借り上げでも利用契約であっても、その整備・管理は定期的に行わなければなりません。

社員の福利厚生に対するニーズは時代とともに多様化しており、生活設計援助施策も求められるようになってきています。いわゆる、「生きがいづくり」です。ニーズが多様化する中で均一の施策では対応できないことから、福利厚生のアウトソーシングサービスの導入が活発化してきています。これは、自己啓発学習やレジャー、健康管理などのサービスをアウトソーシング会社が契約する施設やサービスの中から選べるというものです。

必要とする人が必要とする施策を享受できるのが福利厚生の基本ですから、自社と外部のサービスを組み合わせた制度設計と運営が従業員満足度を上げるためには大事です。

福利厚生施策のあり方

基本テーマ

生活援助施策

貸付金制度、住宅資金融資制度
従業員持株制度、慶弔・災害見舞金制度等

厚生施策

共済会制度、寮・社宅の提供、保養施設の完備
社員食堂・給食制度、健康管理対策
長期休暇制度、育児・介護休業制度
自己啓発援助制度、海外研修制度等

キャリア開発のテーマ

生きがいづくり支援

生涯教育・生涯学習援助制度、各種休暇制度および
文化・スポーツ・レクリエーション活動援助等

老後の安定した生活づくり

医療保険・健康保険の整備
在職中の財産形成が退職後の生活基盤になる施策
在職中の生きがいづくりが退職後の生活の支えとなる施策
在職中の生活不安解消策が退職後も継続される施策

福利厚生メニューの充実化

アウトソーシングサービス

92

社内 人事・労務・福利厚生業務⑧

社員の健康管理

◆ 体と心の健康管理

福利厚生の一環として社員の健康管理・健康増進についても、総務部は日常的に支援体制を整えておく必要があります。健康管理施策として、以下のような項目が挙げられます。

- **心身の健康維持・増進**：春・秋の定期健康診断の実施、メンタルヘルスケア等
- **バランスのとれた栄養**：食堂運営との連携等
- **体力づくり**：体力テストの実施、スポーツの奨励、スポーツ大会の開催等
- **傷病に罹った社員への支援**：医療費援助、休業補償等
- **安全衛生との連携**：産業医等の選任等

このような健康管理施策を充実させることは企業の務めですが、いくら健康管理を呼びかけ、早期発見の機会を与えたとしても、本人に健康を守る心がけが欠けていてはその効果は期待できません。そこで、部門ごとに健康管理の担当者を任命し、職場の中でお互いに啓発し合うことも一考でしょう。

また、**健康管理では身体的な面ばかりに関心が向きがちですが、忘れてならないのはメンタルヘルス等心の健康**です。この重要性に関心の高い企業では専門のカウンセラーを配置したり、外部の専門機関の受診に日常的に応じられるようにしています。全社員の心の健康管理も総務部として注力していきます。

健康経営への施策

心身の健康保持・増進

- 定期健康診断の実施
- 日々の健康相談体制
- メンタルヘルス…カウンセラーの設置
  専門機関によるカウンセリング

バランスのとれた栄養

- 食堂運営との連携

健康保持増進

- 社内スポーツジムの設置
- スポーツの奨励・援助
- スポーツ大会の開催

傷病に罹った人への支援

- 医療費援助
- 休業補償

安全衛生施策との連携

- 産業医等の選任

- 社員各人への呼びかけ
- 職場内での相互啓発
  （職場ごとに健康管理担当者を任命）

93

社内 人事・労務・福利厚生業務⑨

冠婚葬祭

◆ 総務部が主体的に取り組む儀式

人の一生には諸々の儀式があります。その儀式の総称ともいえるのが冠婚葬祭です。この冠婚葬祭の４文字には、それぞれ意味があります。「冠」は冠をいただくということで元服を意味し、元服のない現代では七五三と成人式がそれに該当します。「婚」は文字どおり結婚のことで、「葬」はお葬式。そして「祭」は先祖まつりの法要を意味しています。この４つの項目と総務部のかかわりはとても重要です。**特に、後述する社葬の場合、「株主総会と社葬を仕切れたら、総務部長として合格だ」と言われる**ほどです。

成人式については、高卒社員のいる会社では毎年１月の成人の日近くの営業日の終業後に会社の会議室などで役職者も出席して「社内成人式」を開くことが見受けられます。地方出身者のために、年次有給休暇などを利用しての帰郷を奨励している会社もあります。そして、社内報で新成人の抱負などを写真入りで掲載するなど、地方自治体が主催する成人式だけでなく、企業においても何らかの形で成人を祝して従業員エンゲージメントの向上の施策に取り組む企業もあります。

結婚は、あくまで「私事」であり、企業は祝い金支給と祝電を打つ程度で直接関与することではありませんが、総務部としては社内報等への掲載で新生活のスタートを心から祝ってあげたいものです。

また、関係会社や得意先の担当者の結婚では祝電を送るようにします。虚礼廃止が喧伝される世の中ですが、祝電は業務の円滑化を図る意味でも大事な付き合いといえます。

冠婚葬祭の内容

成人

祝成人パーティーの実施
有休利用の帰郷奨励
社内報への掲載

婚

結婚

社　員
　祝い金支給、祝電、
　特別休暇付与
　社内報への掲載
関係会社・取引先等
　祝電、祝い金

葬式

経営トップ・殉職者等
　社葬
役員・社員・その家族
　葬儀手伝い、弔慰金支給
　弔電、特別休暇付与等
関係会社・取引先等
　葬儀手伝い、弔電、
　弔慰金

法要

歴代社長や重要関係者の
法要に出席

冠婚葬祭は、日本の古来から伝わる四大礼式の「元服」「婚礼」「葬儀」「祭礼」のこと。このうち、元服は成人になる際に冠をいただいて祝ったことに由来している。また、祭礼は神仏や祖先を祀る慣習から来ており、法要や法事のほか、正月・彼岸・お盆などが祭礼にあたる。

94

社内 人事・労務・福利厚生業務⑩

葬儀の手伝い

◆親族の意向を慮りながら手伝う

葬儀に関しては、一般にその手伝いと社葬の２つに分けられます。役員や社員あるいは社外の関係者・関係先などで葬儀がある場合、地域によって対応は異なるものの、総務部が手伝いに出向きます。会社関係の受付を任され、その応対を故人の親族に代わって行うことが主になります。

しかし、**地元の町内会や自治会、隣近所の人たちが葬儀を取り仕切る場合は、その地域の風習や慣習、親族の意向を考慮して、手伝いをするにしても、あまり出しゃばらない**ようにします。

会社での付き合いと地域社会との付き合いは、葬儀ではどちらかといえば地域社会のほうが濃いからです。遺族にとって、今後の生活を考えれば当然、地域社会との付き合いが深くかかわってきます。その点を踏まえて、地元の有志の指示に従って手伝いをします。手伝いの人数は、通夜・告別式を含めて最低でも４～５人は必要です。

地域社会が主で、会社は従の立場であっても、自社以外の会社関係者に面識を持っているのは何といっても自社の人間ですから、その応対は地元の人にはできません。また、悲しみの中、文字どおり取り込み中の親族には、なおさらそれは難しいことです。

したがって、そうした場では総務部の本来の姿である裏方としての活躍が望まれます。

なお、**弔電、供花の手配、式場（斎場）への道順等の連絡は、速やかに怠りなく**行います。

社葬の取り扱い基準（例）

❶ 現職の会長・社長または代表取締役が死亡した時　〈社葬A〉

❷ 会長または社長として期間10年以上の在職歴を有する元役員が死亡した時　〈社葬A〉

❸ 現職副社長または専務・常務が死亡した時　〈社葬B〉

❹ 会長または社長として期間10年未満の元役員が、退職後2年以内に死亡した時　〈社葬B〉

❺ 現職役員が業務上の傷病により死亡した時　〈社葬B〉

❻ 会長または社長であった元役員が死亡した時　〈準社葬A〉

❼ 副社長・専務または常務であった元役員が退任後2年以内に死亡した時　〈準社葬B〉

❽ 現職の役員が死亡した時　〈準社葬B〉

❾ 役員として通算10年以上在任した元役員が死亡した時　〈準社葬B〉

❿ 元役員が退任後5年以内に死亡した時　〈私葬A〉

⓫ 現職の理事または部長が死亡した時　〈私葬A〉

⓬ 元役員が死亡した時　〈私葬B〉

⓭ 元理事・元部長が退任後2年以内に死亡した時　〈私葬B〉

⓮ 前記以外の社葬を執り行う場合は、取締役会の決定により、その都度ランクを決定する

社葬Ａ：葬儀に要する費用をすべて会社が負担
社葬Ｂ：寺院関係費は遺族の負担とし、その他は会社が負担
準社葬Ａ・Ｂおよび私葬Ａ・Ｂ
：経費を社葬費として一部負担。その区分を明確化しておく

95

社内 人事・労務・福利厚生業務⑪

社葬の準備・運営

◆ 会社の一大セレモニーに失敗は許されない

社葬は総務部が中心になって執り行う全社的な一大セレモニーです。一般葬儀の場合は、亡くなってからそれほど日を経ずして通夜・告別式が行われるのが普通ですが、社葬は1カ月近く後に行われることもあります。**社長・会長などのトップ経営陣および殉職者に対して、その会社への多大なる貢献に敬意を表して社葬とするもの**です。

また、**社葬の費用はすべて会社負担が原則**です。税務上、社葬に要した費用は、支出項目が常識の範囲を越えないかぎり、**福利厚生費**として損金とすることができます。

社葬の執行は、会社が主催であっても遺族に十分に配慮したうえで準備に入ります。まず、葬儀委員会を設置して、葬儀委員長の人選、場所（斎場）の選定、各担当の役割分担、社内外への通知、葬儀社の選定といった打ち合わせなどに全力を注ぎます。社葬は一般の葬儀とは違い、**通夜は行わずに葬儀式だけ**ですが、日程的に準備の期間があるだけに失敗は許されないものと心得て対処しなくてはなりません。

式に参列される重要関係者には担当者を1人ずつ付けて送迎するくらいに考えます。「弔い外交」という言葉があるように、後々の取引に影響してくることもあるので、丁重な応対を心がけます。

また、**供花の配列、焼香・献花の順、弔電披露の順さえも社格や年功を考慮して対処**しなくてはなりません。会社の一大セレモニーに失敗は許されないので、万全の準備を進めることが肝要です。ここは総務部の力の見せどころと言っても過言ではありません。

社葬の式次第（例）

社葬の式次第例（仏式）	式次第例（神式）
1．親族参列者着席	先．親族参列者着席
1．導師僧侶入場（奏楽）	次．開式の辞（司会者）
1．開式の辞（司会者）	次．神官着席（起立）
1．読経	次．修　　祓（起立）
1．導師焼香	次．奉　　幣（奏楽）
1．弔辞拝受（奉読・拝呈）	次．献　　饌（奏楽）
1．弔電奉読（司会者）	次．斎主祭詞（起立）
1．読経	次．弔辞・弔電奉読（司会者）
1．焼香	次．玉串奉奠
葬儀委員長、喪主、	葬儀委員長、喪主、
遺族、親族代表、	遺族、親族代表、
友人代表、	友人代表、
関係会社各界代表、	関係会社各界代表、
参列者代表、社員代表	参列者代表、社員代表
1．導師僧侶退場	次．神官退席（奏楽）
1．葬儀委員長挨拶	次．葬儀委員長挨拶
1．閉会の辞（司会者）	次．閉式の辞（司会者）
葬儀終了（小憩）	葬儀終了（小憩）
1．一般告別式	一般告別式
1．葬儀委員焼香	葬儀委員、玉串奉奠
1．僧侶退場	喪主挨拶又は
1．親族代表又は喪主挨拶	親族代表挨拶
以　上	以　上

96

社外

外部との渉外役

◆「会社の顔」としての役割

総務部の渉外機能として、まず受付があります。社外と社内の接点となる受付は、社内に対してはサービス機能を果たすものですが、社外に対しては「会社の顔」としての役割を持ちます。その管理は総務部の重要な役割です。

また、**会社に対する各種の問い合わせや苦情、勧誘、提案、取材要請、資料等の提供依頼なども総務部に入ること**が多く、速やかに関係部門に取り次いだり、直接対処しなければなりません。

実務上では、**所轄官庁や法務局、労働基準監督署、公共職業安定所（ハローワーク）等、官公庁への届け出・許認可申請・報告などの渉外業務**があります。

こうした渉外業務は関連法規によって定められているものも多く、専門的な事柄については専門家に委託するなり、法務部門や当該部門の協力を得ながら対処します。

◆ 社内関係部門の代行役

このほか、経済団体・業界団体等との付き合い、株主・投資家に対する広報活動、取引業者との折衝、関係先との冠婚葬祭への対応、中元・歳暮等の贈答業務、地域コミュニティ活動の推進、各種メディアへのパブリシティ活動、学校・学生への情報提供、消費者との対応等、多様な対外折衝機能を有し、会社を代表して、あるいは社内関係部門の代行として、そうした業務を粛々と遂行していきます。

総務部の社外の仕事

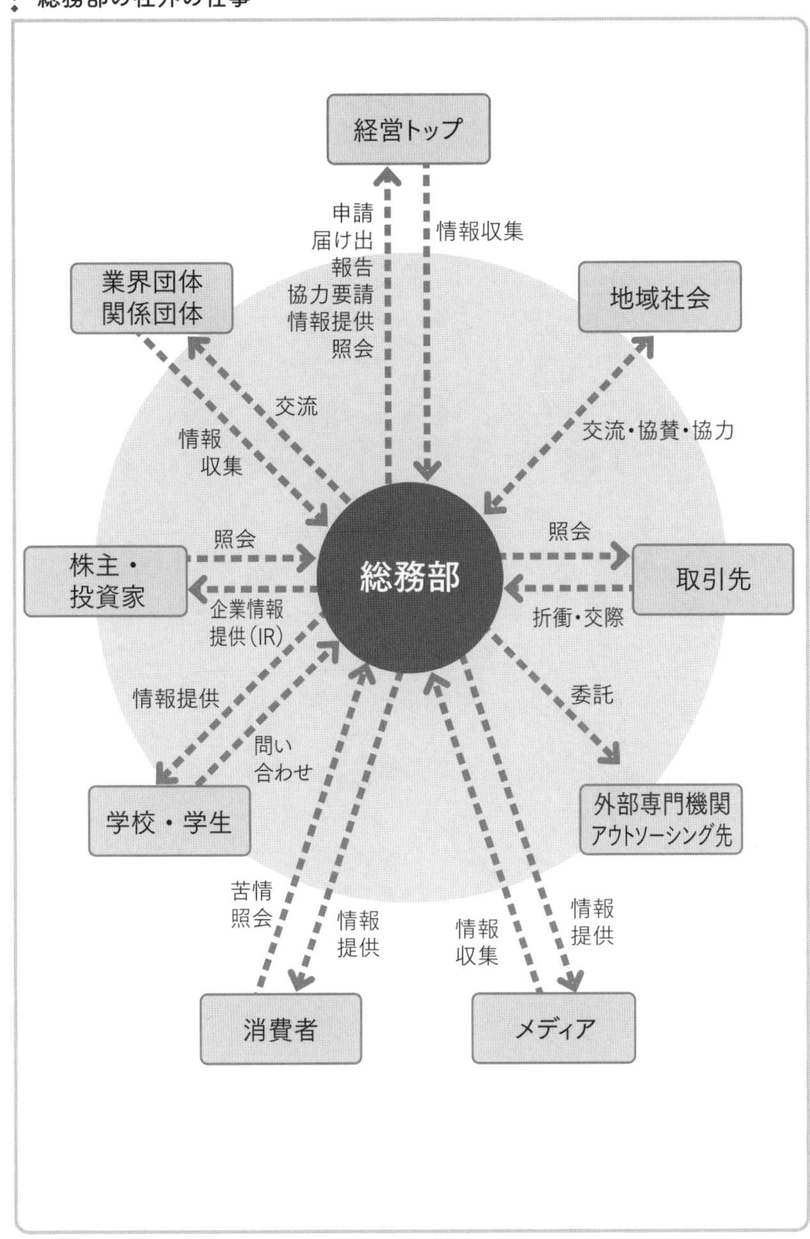
経営トップ
申請
届け出
報告
協力要請
情報提供
照会
情報収集
業界団体
関係団体
交流
情報
収集
地域社会
交流・協賛・協力
株主・
投資家
照会
企業情報
提供（IR）
総務部
照会
取引先
折衝・交際
委託
情報提供
問い
合わせ
学校・学生
外部専門機関
アウトソーシング先
苦情
照会
情報
提供
情報
収集
情報
提供
消費者
メディア

97

社外

受付での「招かれざる客」への対応

◆ 迷惑な来訪者

総務業務の渉外機能といえば、先述したようにまずは受付です。社内と社外を結ぶ最初の接点となる受付は、社内に対してはサービス機能を果たしますが、社外に対しては会社の顔としての役割を果たします。会社の顔という一面には、社外から社内への“関門”としての機能も含まれています。

受付には、アポイントのある来訪者ばかりでなく、「招かれざる客」が訪れることもあります。会社のスキャンダルを捏造するなどして、金銭を要求してくるなど迷惑な来訪者です。アポイントなしで会社に直接やってきた相手と受付で長く押し問答していては、他の来訪者に不審に思われます。この応対は総務部長や課長に任せ、できれば受付近くの別室に案内します。

こうした訪問者の要求を断わるにしても、上手に断わることです。そのためには、まず丁重な姿勢で応対し、間違っても萎縮するような態度を取らないことです。

そして毅然とした態度で、「それでは当社の顧問弁護士立ち会いのもと、お話をうかがいます」などと事前に取り決めている会社の対応方針に基づき応対します。このとき、言質を取られないためにも、不用意な発言は控えるべきです。

また、万一に備えて部屋の近くに、それとなく警備担当者を待機させておくことも必要です。

⁝「招かれざる客」への対応

「招かれざる客」の主なタイプ

- 会社の不祥事を捏造し、金銭を要求
- 機関誌の購読や広告掲載の要求
- 不要な物品の購入の要求
- 名目不明の寄付金・賛助金の要求

断わるときのポイント

① 受付で押し問答せず、総務部長・総務課長に対応を任せる→受付近くの別室へ案内
② 断わるときは、ぐずぐず引き延ばさず、早めにきっぱりと
③ できるだけ丁重な姿勢で。決して相手を見下すような態度は取らない
④ なおかつ毅然とした態度で、終始一貫した会社としての対応方針に基づく
⑤ 言質を取られないためにも、不用意な発言は一切控える
⑥ 万一に備えて、部屋の外に警備担当者を待機させる
⑦ 常にリスクマネジメントの視点を忘れず、反社会的勢力等については、地元警察との連携も含めて日ごろから対策を練っておく

98

社外

渉外・折衝業務

◆ 官公庁への届出事項等を把握しておく

企業活動は、様々な外部とのかかわりの中で行われています。社内各部門のサポート役というイメージの強い総務部ですが、外部との渉外・折衝業務も多く担当しています。**官公庁との渉外、取引業者との折衝のほか、業界団体との付き合い、地域社会との交流**等、直接のビジネスから離れたところで行う業務も総務部の重要な仕事です。

実務上では官公庁との渉外事項が最も多いでしょう。会社の設立手続き、営業・開発の許認可をはじめとして、一企業として経営活動を行うためには、そのつど官公庁への申請や届け出、許認可等が必要となり、これは関連法規によって定められています。

例えば、社名を変更すれば、法務局に対する商号変更の登記手続きが必要になりますし、賃金規定や労働時間等就業規則の記載内容を変更する場合は、そのつど管轄の労働基準監督署に届け出が必要です。

このほか対象となるのは、監督官庁や都道府県庁、税務署、ハローワーク、特許庁等々です。**専門的な事柄は専門家に委託するなり、法務部等の協力を得ながら進めますが、総務担当者としても関連法規を理解し、関係事項全般は心得ておく**必要があります。

また、防犯・防災あるいはリスク発生時の警察署や消防署への協力要請も渉外事項に含まれます。さらに、社外関係先の冠婚葬祭への出席や慶弔見舞い、中元・歳暮も社内基準を設けて対応する重要な渉外業務といえます。それらに関する情報は必ず総務部に入るよう、社内の連絡体制を整えておくようにします。

主な渉外・折衝業務

官公庁との渉外
許認可申請・届け出・報告
資料収集・照会・協力要請等

取引業者との折衝・付き合い

経済団体・業界団体・地域団体との付き合い

地域コミュニティ活動の推進

関係先の冠婚葬祭出席・慶弔見舞い・中元・歳暮等

メディア・消費者・株主・投資家・学校・学生等との対応

99

社外

広報・PR業務

◆ 企業情報の社外発信や緊急事態へのメディア対応

企業が社外に向けて行う広報活動には、一般に **PR（Public Relation）と呼ばれるパブリシティ活動**と広告・宣伝活動があります。総務部が広報を担当する場合はパブリシティ活動が中心です。

これは、主に企業情報の伝達や企業のイメージアップを目的としたもので、その方法には、ニュースリリースの送信や発送、PR誌の発行、PRイベントの開催、記者会見といった直接的手段によるものと、新聞やテレビ、Webメディア等を利用して広く社会に伝達する方法などがあります。目的と費用・効果を勘案しながら、いくつかの方法を組み合わせることで認知効果を高める工夫が必要です。

こうした社会一般に向けて行う広報活動のほか、**投資家に向けたIR（Investor's Relations）活動も重要**です。これは安定株主を確保する対策ともいえ、具体的には決算公表後の会社説明会の開催、業績や現況等を含めた経営活動全般の報告書送付、投資家からの照会や企業訪問への対応等があります。**IRの絶好の広報機会は株主総会**です。これは経営トップがどこまで戦略的な情報開示を行うかに関心が寄せられることでもあり、担当者としてはトップへのアドバイスも含め、できうるかぎり株主総会の透明化に努めるようにします。

事件・事故等緊急時におけるメディア対応も広報業務です。緊急事態発生時のメディアへの連絡体制は一本化しておき、適切なコメントができるよう速やかに打ち合わせ、トップが出席して記者会見を行います。隠す姿勢は企業への不信を増幅させるだけに注意が必要です。

社外広報業務

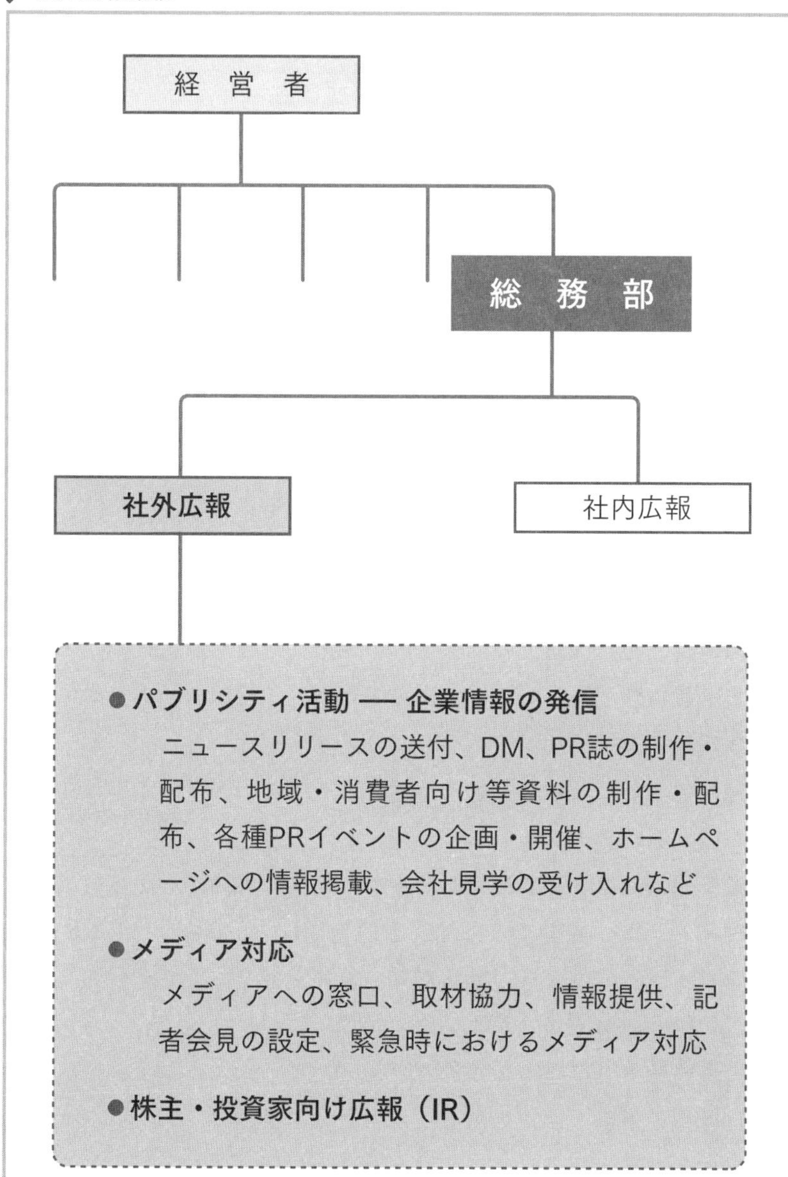

経営者
総務部
社外広報
社内広報
●パブリシティ活動 ── 企業情報の発信
ニュースリリースの送付、DM、PR誌の制作・配布、地域・消費者向け等資料の制作・配布、各種PRイベントの企画・開催、ホームページへの情報掲載、会社見学の受け入れなど
●メディア対応
メディアへの窓口、取材協力、情報提供、記者会見の設定、緊急時におけるメディア対応
●株主・投資家向け広報（IR）

社外

企業市民活動の推進

◆ 社会貢献となる活動を安定的・継続的に実施することの事務局

企業市民活動（コーポレートシチズンシップ）**すなわち社会貢献活動は、社会の一員である企業が果たすべき責任**として認識されています。

企業の社会的責任は、良い商品やサービスの提供、適正な利潤の確保、従業員の安定的雇用といった「本業」を遂行することが基本であり、この基本を踏まえたうえで、社会との接点を大事にし、コーポレートシチズンシップの向上に努めることが求められます。

いわゆる**社会貢献も含めて企業市民**（コーポレートシチズン）**としての活動には、地域社会との交流、文化・芸術の育成・支援、スポーツ・教育の振興、自然保護・環境保全への協力、福祉活動支援**等が挙げられます。具体的手段としては、寄付・寄贈、人材派遣、ボランティア、施設の開放などがあります。

企業がこうした活動を推進するにあたっては、総務部が事務局や直接の窓口となることが一般的です。

企業市民活動は、まず自発的なものであり、実施するからには安定的・継続的に取り組むことです。そのためにも、「他社がやるから」ではなく、自社の明確な方針を立て、目的を絞り、できる範囲の活動を地道に行っていくことが大切です。

また、経営トップ層の独善的な考え方にならぬよう、企画や実行段階では社員の参画・協力を得ることも必要です。

さらに、企業市民としての活動を社内外に伝えることで企業文化を醸成していくことも、担当部署として重要な仕事です。

企業の社会貢献活動

「本業」の遂行

良い商品・サービスの提供、適正な利潤の確保、従業員の安定的雇用、株主への安定的な配当、納税義務等

社会貢献活動

社会貢献を含めた企業市民としての活動

地域社会との交流、文化・芸術の支援、スポーツ・教育の振興、自然保護・環境保全への協力、福祉活動支援

〈具体的手段〉

寄付・寄贈、人材派遣、ボランティア、施設の開放等

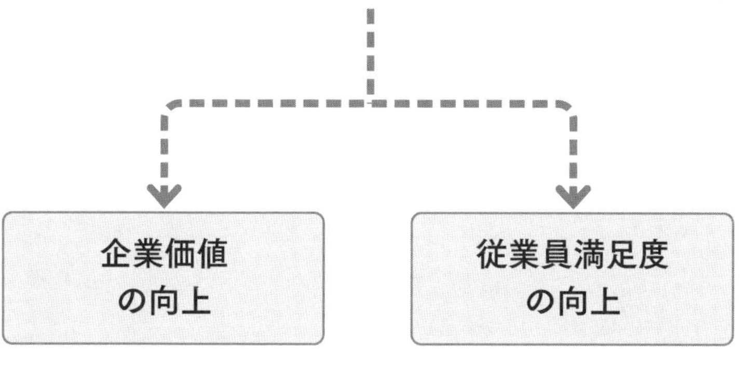

Column 総務部員のインテグリティ

総務部員には会社の事務関係の業務全般の知識とスキルが必要ですが、それ以上に大切なことがあります。それは会社に関わるすべてのことにおいて公正公平であるインテグリティの心です。インテグリティとは「誠実さ」とか「高潔さ」などと訳されますが、もっと広く「人間力」ともいうべき心構えと態度です。

誠実であってもいつも忙しくして余裕がなかったりしていては周囲に悪影響を及ぼします。総務部員は誰もが話しやすい雰囲気をまとっていることがとても重要です。忙しさの中にも余裕を持って他者からの相談に乗ったり、穏やかな表情で人の話を聞く。時には、自分から雑談の場を作って大勢の人から話を傾聴するようなリーダーシップのあり方もあるでしょう。

上位者に対しては謙虚でありながらも過ちがあれば毅然とした態度で進言する、危機的な状況に遭遇しても慌てずに落ち着いて事態に対処する、そうした胆力を備えることもインテグリティのある人になる上ではとても大切なことです。

インテグリティに必要な6つの資質

1．正直な自分を通して信頼を得る
2．現実を素直に受け入れる
3．最後まで成し遂げる
4．逆境から学ぶ
5．常に向上心を持つ
6．より大きな自分に成長する

第4章

総務部に必要な業務知識と法的知識

101

業務知識

会社全般の理解と業務の基本

◆ 各部門の業務内容や会社の歴史など

総務業務は広範多岐にわたります。そのため、1人でいくつもの業務を担当することになります。当然、それぞれの業務についての実務知識は身につけておかなければなりません。総務部員ならば、総務関連業務に関してはスペシャリストであることが求められます。

総務関連業務のスペシャリストとして果たすべき仕事をするためには、まず会社全体を理解することです。というのも、総務部は企業の総括的な調整・管理および社内サービスといった機能を有し、企業活動全体の基盤を支えているからです。したがって、全体を理解したうえで、関連業務の役割や影響等を踏まえて仕事に取り組むことで、スペシャリストとして認められるのです。そのためにも、以下の事項は総務部員の基礎中の基礎知識として持つようにします。

①**会社の概要**：業界におけるシェア・位置づけ、資本金・売上高・従業員数、組織形態および各部門・事業所の業務内容・相関関係、関係会社、取引先・関係先とその担当部署。

②**会社の商品・サービス**：既存の商品・サービスのほか、新製品情報や特徴・価格等も理解しておく。

③**会社の歴史**：創業・創立年月日および歴代社長の氏名・在職期間等は最低限必要。社史があれば、創業から現在までの会社の功労者や特筆すべき出来事などを把握しておく。

④**会社のビジョン**：企業の中長期経営目標、年度の具体的な経営計画・事業方針等。

こうした会社全般の理解は社員としてある程度は必要かもしれませんが、総務部としては渉外業務の一環としても重要です。

総務部には社内はもちろん、社外からも様々な問い合わせが入ります。「二代目の社長の氏名と就任年月は？」「新製品について詳しく知りたい」等々。

そうしたとき、即座に答えられる、もしくは外部からの照会を担当部署に迅速に取り次ぐためにも、この内容ならどの部門の管掌業務といった基本的な事柄は頭に入れておかなくてはなりません。

◆ 担当業務に関連する幅広い知識

企業活動全体を理解したうえで実務知識を駆使して遅滞なく仕事を遂行するには、業務に関連する幅広い知識も必要になります。法的知識はもちろん、担当業務に精通し、自分の判断で処理できるようになるにつれ、さらなるプロとしてのパフォーマンスの発揮のために応用知識や専門知識の掘り下げも必要になってきます。

例えば、株主総会の運営準備を進めるにあたっては、法律や定款に関わる知識が求められます。したがって、定款や株主総会に関する会社法の規定には目を通して、自分なりに理解しておくことは担当者として当然です。

「そういう決まりだから」という先輩の教えに従って法定事項を処理しているよりも、自分で確かめ、身につけた知識で仕事をすることは業務スキルの向上にもつながります。

あわせて、株主代表訴訟や利益供与の禁止などについても担当者としての知識として身につけておけば、より企業活動全体の視点から業務を理解できるようになります。

このように、**担当業務に関連する法律についての基本的な知識を身につけておくべきですし、法改正の動きがあれば、改正内容や施行日**

などをきちんと把握しておかなければなりません。

このほか、**他社や業界の動向などについても情報収集**に努め、新しい動きや制度、技法などを業務関連知識として身につけ、担当業務に応用していくことも必要です。

◆ デジタルリテラシーの向上

業務の効率化を図る手段として、特にデジタルスキルの活用が重要です。**総務業務のDX化**は急速に進み、社内通達や会議等はオンラインが普通になり、社内の規程集はデータベース化され、「紙」による社内資料は過去の遺物になりつつあります。

もはやITが使えなければ、仕事ができないといわれるほどですが、業務のデジタル化で必要なのはパソコンの操作スキルだけではなく、デジタルリテラシーの向上です。

それには総務部員もリスキリングにより、DXスキルの向上を図っていかなければなりません。

例えば、用度品管理ではコスト削減に意識が向きがちですが、どんなもの、いつ、どれほどの量を使うかは業務効率にも大きく影響します。これを経験則ではなく、過去の情報を読み込んだAIを活用すれば、費用対効果を考慮した適切解が求められるようになります。

総務部の業務改善という視点からのデジタルリテラシーの向上は必然だといえるでしょう。

総務部員に必要な業務知識

会社全般の理解

- **会社の概要**

  業界におけるシェア・位置づけ、資本金・売上高・従業員数、組織形態、各部門・各事業所の業務内容・相関関係、関係会社、取引先・関係先とその担当部署等
- **会社の商品・サービスの内容・特徴・価格等**
- **会社の歴史**

  創業・創立年月日、歴代社長、創業からの出来事
- **会社の将来像**

  中長期経営計画、年度計画・事業方針等

担当業務に関する幅広い知識

- **実務知識＋応用知識**

  業務関連知識・技法の修得
- **業務関連の法的知識、他社情報、業界動向、社会動向**

情報リテラシー

- **IT全般の理解**

  コンピュータ知識＋ソフト利用技法＋操作技術
- **情報読解力**
- **情報システム化の意図・情報化投資を含めたパソコン活用能力**

102

業務知識

文書作成・送付の基本

◆昔ながらの基本ルールは現在も大事

ビジネス文書の作成は、文書作成ソフトにあるテンプレートを使っての作業が普通になっています。

しかし、そうはいっても昔ながらのビジネス文書の基本を心得ていれば、作業は事務的にならず、文章上の間違いや誤字・脱字も減らすことができます。特に、社外向けの文書に間違いは禁物です。したがって、最低限の知識は持つべきです。

ビジネス文書は1件につき1文書であり、挨拶状や招待状などを除いては、原則としてA4判・横書きが基本です。社外文書の基本的な構成は、①文書記号・番号、②発信日（作成日ではない）、③宛先（会社宛ては「○○株式会社御中」、個人宛ては会社名に続けて職名・氏名を書く）、④発信者名、⑤件名、⑥頭語・前文、⑦本文（「さて」で状況説明を始め、「つきましては」で用件に入る）、⑧末文・結語、⑨記、⑩添付書類、このあとに「以上」として文書の終わりを示します。

文書を郵送する場合、留意すべきことが封筒の表記です。住所・会社名（・職名・氏名）を正確に書き、会社名も（株）でなく、きちんと「株式会社」と記します。文字の大きさやバランスも大切です。いきなり書き始めることはせず、○○株式会社御中とか○○様が中央にくるように配置を考えてから書いたほうがいいでしょう。

封筒の表記に住所シールを貼ることが多いですが、例えば陳謝状など目的によっては手書きするのが礼儀です。機械的な印刷ではこちらの気持ちが相手に伝わりません。

社外文書の基本フォーム

（文書番号）○発第○○号
（発信日）令和　年　月　日

（宛先）
○○○○株式会社
○○部長○○○○殿

（発信者）
○○○○株式会社
○○部長○○○○

（件名）＿＿＿＿＿＿＿＿＿＿について

（頭語・前文）
拝啓　貴社ますますご清栄のこととお慶び申し上げます
＿＿＿＿＿＿＿＿＿＿＿＿＿＿＿＿＿＿＿＿

本文
さて、＿＿＿＿＿＿＿＿＿＿＿＿＿＿＿＿＿
＿＿＿＿＿＿＿＿＿＿＿＿＿＿＿＿＿＿＿＿
＿＿＿＿＿＿＿＿＿＿＿＿＿＿＿＿＿＿＿＿

末文
まずは、＿＿＿＿＿＿＿＿＿＿＿＿＿＿＿＿
＿＿＿＿＿＿＿＿＿＿＿＿＿＿＿＿＿＿＿＿

敬具（結語）

記

1．＿＿＿＿＿＿＿＿＿＿＿＿＿＿＿＿＿＿
2．＿＿＿＿＿＿＿＿＿＿＿＿＿＿＿＿＿＿

添付書類
1．＿＿＿＿＿＿＿＿
2．＿＿＿＿＿＿＿＿

以上

103

業務知識

押印の基本

◆ デジタル化されても押印の種類ごとにその意味は理解しておく

オフィスのペーパーレス化やオンライン商談等を背景に、デジタル押印が普及しています。しかしながら、ビジネスにおける押印についてのルールは総務部員としての基本知識に変わりはありません。ここでは、従来から継続されているルール等について解説します。

契印(けいいん)：２枚以上にわたる契約書などのページとページの間に押印します。その契約書が一連の文書であることを証明し、あとで一部を差し替えるなどの不正の防止が主目的です。押印する印鑑は、文書の作成人として記名（署名）捺印されたものでなければなりません。

訂正印：訂正のあったページに押印します。訂正箇所に二本線を引いて正しく書き直し、二本線の上に捺印する方法と、欄外に捺印し、「二字削除三字挿入」「二字訂正」などと記載する方法があります。横書きの場合は左部か上部欄外、縦書きの場合は上部欄外となります。当事者全員が捺印し、正しく訂正されたことを証明します。

捨印(すていん)：誤字や訂正があった場合、相手の訂正印をもらうことなく変更を可能にする押印です。訂正印と同じく欄外に押します。

止印(とめいん)：契約書などに余白が生じたとき、文書の末尾に押し、余白部分の変造を防ぐものです。

割印(わりいん)：２通の同一契約書などの間にまたがって押す印で、文書の変造などを防ぐことが目的です。

消印(けしいん)：収入印紙と用紙にまたがって押す印で、収入印紙の再使用を防ぎます。

押印の種類と方法

契印

複数ページにわたる契約書の両ページにまたがって押す

訂正印

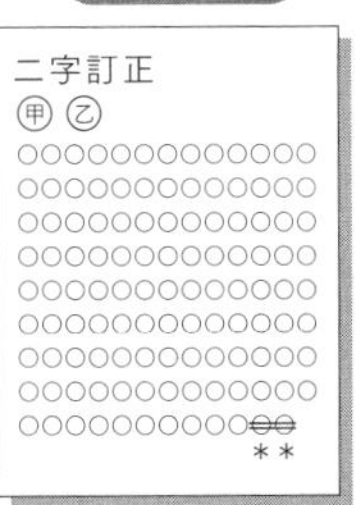

訂正のあった ページの欄外に押し、訂正内容を記載する

捨印

欄外に押す

止印

契約書文章の末尾に押す

割印

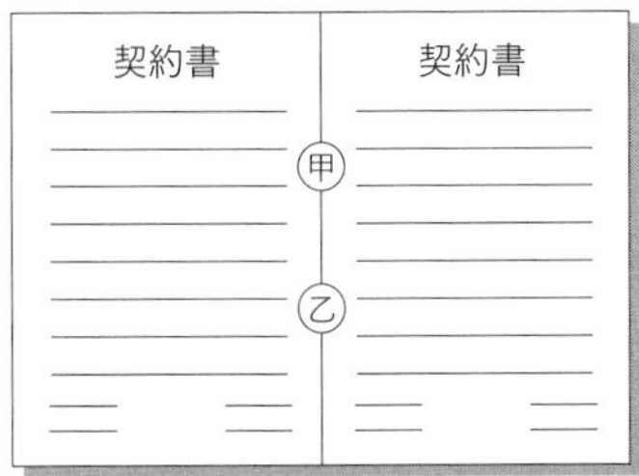

2通の同一契約書の間にまたがって押す

消印

収入印紙と用紙にまたがって押す

104

法的知識

経営・管理業務

◆ 自社の事業に関わる法律はすべて把握する

経営・管理業務においては、企業組織に関する会社法、商業登記法、有形・無形の資産を保護する不動産登記法および知的財産に関する法律をはじめ、企業活動全般にかかわる法律として製造物責任法、環境対策関連等があります。なかには、弁護士や司法書士などの専門家に委託する業務や、社内法務部門の助言や協力が必要な業務もあります。

そして、法改正や新たな法律の制定にも注意し、常に最新の法務知識を身につけておくようにします。

◎会社法

会社の設立や運営、経営について規定する法律であり、2006年5月に施行されました。

従来は商法の第2編、有限会社法、株式会社の監査に関する商法の特例に関する法律（商法特例法）など、会社に関する規定や法律を合わせて会社法と称されていましたが、2005年6月に法改正が行われ、それらを統合・再編成して新たに「会社法」として制定されました。

この改正によって、有限会社制度の撤廃や合同会社という新しい会社形態の規定、株式会社の機関設計の柔軟化などが図られました。

こうした会社の組織形態に関する規定のほか、総務業務の中でも最重要事項である株主総会や取締役会に関する規定については特に理解しておく必要があります。株主総会や取締役会の準備や運営等は会社法の規定に基づくことが求められるので、この規定の確認は必須です。

また、経営トップの補佐役として、取締役や監査役に関する規定、株主代表訴訟などについても熟知しておきます。

株主関係も株式会社としての根幹をなす重要な業務です。株式管理や株式関係の事務処理をスタッフに適切に指示していくためにも、関係規定は最低限の法知識として確認しておきましょう。

◎商業登記法・不動産登記法

会社の設立には、会社法で定められた設立登記が必要です。その登記事項は商号や本店所在地、目的、取締役の氏名等ですが、内容に変更が生じれば、そのつど法務局に登記手続きが必要になります。これは公示制度であり、この登記について定めているのが商業登記法です。また、土地や建物の登記については不動産登記法があります。

こうした登記申請手続きを正確に処理していくには、それなりの知識と経験が必要とされるため、一般には司法書士に委託することが多いですが、登記事項の把握と必要書類、手続き期間等、手続き業務については一通りの理解が必要です。

◎知的財産権

知的財産権とは、人間の知的活動によって生まれた無形の財産を守る権利であり、特許権（特許法）・実用新案権（実用新案法）・意匠権（意匠法）・商標権（商標法）の産業財産権のほか、商号権（会社法）、ノウハウ・営業秘密（不正競争防止法）、著作権（著作権法）・ソフトウェア（著作権法・特許法）、データベース（著作権法）などの権利が法律で保護されています。

情報社会の進展に伴い、知的財産権の範囲は広がる一方ですが、会社の財産を守るためにも知的財産権の内容とその法律にかかわる動向については注意しておく必要があります。

なお、特許・商標などの出願や異議申し立て等については、専門部署がなければ弁理士に委託します。

◎製造物責任法（PL法）

PL法は、商品企画、生産、品質管理、営業等の各部門と協力会社が連携を取りながら、安全性に配慮して商品づくりに取り組むために1995年に施行された法律です。総務部や法務部では部品メーカーや協力会社との契約締結にあたって、契約書の内容確認の拠り所とするうえで重要な法規です。法律違反を未然に防ぐために、製造工程に総務は直接関与しないとはいえ、PL法についての理解は必要です。

万一、訴訟問題が起こった場合は、法務部門が窓口となって対応することになりますが、総務部としてはまずは誠意ある態度が迅速に取れるかが重要です。

◎環境対策に関連する法律

日本の環境政策の根幹を示す法律として1993年に制定された**環境基本法**をはじめ、**循環型社会形成推進基本法**および関連法律として資源の再利用を促進する容器包装・家電・建設・食品等各種**リサイクル法**、環境配慮型の商品を選択・購入する**グリーン購入法**、**廃棄物処理法**、**資源有効利用促進法**等環境対策に関わる法律は様々あります。

事業の特性によって、工場等からの二酸化炭素の排出や化学物質の取り扱い、土壌や水質汚染などの基準等関係するものについては法令の詳細を確認しないまでも、自社にはどのような法律が適用されるのかについては総務部としてしっかり把握しておくことが望まれます。

その一環として、ISO14001の理解・推進とともに、環境への配慮は企業責任であることを全社内に周知徹底させ、全社一丸となって取り組んでいく必要があります。

Column 法律改正の情報を知るには

社会情勢の変化に合わせて、より現実に対処できるよう、法律は改定されますが、その情報収集は事前に行いたいものです。

◆法律改正の情報収集には、次のような方法があります。

- 独立行政法人 国立印刷局の「インターネット版官報」で法律や政令の官報情報を確認する
- 厚生労働省の「厚生労働省法令等データサービス」や経済産業省の「法令」など、各省庁がホームページ上で出している情報を定期的に確認する
- Google アラートを活用し、「会社法」「法令改正」といった特定のキーワードを設定し、それを含むウェブページやニュースが登場した際に、自動的にメールで通知してくれるようにしておく

総務・経理・人事労務等の専門誌はいち早く法令改正情報を伝えてくれるので、こうしたメディアも有効活用できるよ！

105

法的知識

人事・労務業務

労働基準法をはじめ、労働条件や勤務形態、休業制度など労働者が働きやすい労働条件の維持・改善を志向した法律は、ライフスタイルや雇用形態の多様化等、社会の変化とも相まって法改正が随時行われています。

総務部員としてはそれぞれの法務知識を備えておくとともに、法律の動向に注意し、改正等に際してはその内容を十分に把握し、適切かつ速やかに対処することが求められます。

◎労働基準法（労基法）

労働基準法は従業員の労働条件決定の絶対的な規範となる法律であり、賃金支払の原則、労働時間や変形労働時間、裁量労働、時間外・休日労働、年次有給休暇、就業規則等が規定されています。

これまで何度か改正され、近年では働き方改革の一環として、時間外労働の上限規制、有給休暇の取得義務の要件、高度プロフェッショナル制度の創設、月60時間を超える時間外労働の割増賃金率の引き上げなどのほか、正社員と非正規社員の待遇差の是正が行われました。

労働時間や休日、休暇、賃金等については就業規則に記載が義務づけられており、法改正に伴って制度を改定した場合も、必ず就業規則の該当部分を変更する必要があります。

◎労働安全衛生法（安衛法）

労基法に関連して、労働安全衛生法は職場や労働者の安全衛生確保を目的として制定されている法律であり、事業者は労働災害を防止するため、同法に定められた作業場等の安全・衛生基準を遵守することはもちろん、安全な作業体制および作業時間の維持・改善、労働者の健康管理等に努めることが求められています。

総務部では全社的な安全衛生管理体制の確立とともに、労働者にも設定基準を守り、安全衛生に配慮した作業の遂行を周知徹底していかなければなりません。

◎男女雇用機会均等法

男女雇用機会均等法（正式名称「雇用の分野における男女の均等な機会及び待遇の確保等に関する法律」）は、雇用の分野における男女の均等な機会および待遇の確保を図るとともに、働く女性が母性を尊重されつつ、その能力を十分に発揮できる雇用環境を整備するために制定されている法律です。

男女双方に対する性別による差別禁止が主眼に置かれているため、募集・採用等、配置・昇進、教育訓練、福利厚生、定年・解雇、降格・職種の変更、雇用形態の変更、退職勧奨、労働契約の更新等について性差別の禁止が規定されています。

また、妊娠・出産等を理由とする不利益取り扱いの禁止、男女労働者に対するセクシャルハラスメント対策の措置を事業主に義務化、男女間の差を解消するためのポジティブアクションの推進、過料（行政罰）の創設などの規定もあります。

働き方改革に伴い、同法は社会情勢の変化に応じて柔軟に改正していくであろうことを前提に最新の情報を把握し、職場における男女雇用機会の均等を促進・指導していくことが総務部には求められます。

◎育児・介護休業法

育児・介護休業法（正式名称「育児休業、介護休業等育児又は家族介護を行

う労働者の福祉に関する法律」）は、男女従業員が育児や介護を理由として一定期間休業できることを定めた法律であり、仕事を辞めることなく仕事と家庭を両立できるよう、勤務形態の改善を図る目的で制定されました。

これにより、介護休業の実施が企業に義務づけられるとともに、育児や介護を行う労働者の深夜業の制限等が規定されています。

育児休業では例えば、原則的に子が１歳になるまでの育児休業の付与および育児休業給付金の受給、育児のための所定労働時間の短縮、年５日の子どもの看護休暇などです。

介護休業では、93日間の介護休業の取得および介護休業給付金の受給、介護のための短時間労働の措置、年５日の介護休暇の取得などが規定されています。

なお、育児・介護休業の資格付与については、その内容を就業規則に規定しておかなければなりません。

◎高齢者雇用安定法

高齢者雇用安定法（正式名称「高年齢者等の雇用の安定等に関する法律」）は、高年齢者の雇用促進について国および企業がなすべき事項を定めた法律です。

少子高齢化が進む中で高年齢労働力を活用していく必要があることや、年金支給開始年齢まで意欲と能力のあるかぎり働き続けることができる環境整備が重要であるとして、近年の改正法では事業主が講ずべき措置として、定年年齢の引き上げや継続雇用制度の導入等の義務や努力義務のほか、中高年齢者の再就職の促進に関する措置および定年退職者等に対する多様な就業機会の確保に関する措置の充実を定めています。

高年齢者雇用関係法規として、ほかに労働者の失業や雇用継続に関する**雇用保険法**、そして多様な働き方に柔軟に対応する**年金制度改正法**があり、高齢化問題に対して具体的な対策が求められるなかで、高齢者雇用安定法をはじめとするこの３つの法律を連携させて高年齢者雇用に対応しなければなりません。

◎パートタイム・有期雇用労働法

パートタイム・有期雇用労働法（正式名称「短時間労働者及び有期雇用労働者の雇用管理の改善等に関する法律」）は、正社員よりも弱い立場にあるとされる短時間労働者（1週間の所定時間が同じ事業者に雇用される通常の労働者に比べ短い労働者）および有期雇用労働者（事業主と期間の定めのある労働契約をしている労働者）の適正な労働条件の確保、その他の雇用管理の改善を図ることにより、その能力発揮および福祉の向上を図る目的の法律です。

当初は、パートタイム労働法として施行されましたが、働き方改革等社会情勢の変化の流れの中、有期雇用労働者も含んで改正され、2020年に現行法として運用されています。

◎労働者派遣法

労働者派遣法（正式名称「労働者派遣事業の適正な運営の確保及び派遣労働者の保護等に関する法律」）は派遣労働者の権利を保護し、派遣労働事業の適正な運用が行われることを目的とした法律です。

雇用形態の１つの選択肢として派遣労働がありますが、雇用者側による待遇格差や派遣契約の解除等の問題により、同法が成立・施行されることになりました。派遣労働は正社員のすき間を埋めるといった考えではなく、自社の事業活動を支える人材としてパートタイム労働者や有期雇用労働者と同様に待遇格差がないよう処遇することが働きやすい職場の風土づくりにはたいへん重要です。

Column 総務の仕事とAI

文書作成をはじめ、事務作業の多くはAIに取って代わられるという「AI脅威論」がビジネスの現場でくすぶっています。実際、米国の大手投資銀行ではAIが業務を執行することで数百名いたトレーダーがわずか数名に激減したことがショッキングなニュースとして伝えられたことがありました。

日本でも、金融機関をはじめ一般消費者からの問い合わせ対応の多くが自動音声によるものに変わってきており、機械が人の仕事を代替してきていることをみなさんも実感していると思います。企業としては効率化を実現する一手段にすぎませんが、自動音声の声や誘導法はどうしても冷たい印象が払拭できていない気がします。

ひるがえって、総務の仕事です。事務作業の多くがAIが代行してくれるならば、業務の負荷軽減にとても有益です。ただ、なかには自分の仕事がAIができるようになったらお役御免になるのでは、と不安を感じている人も少なからずいるようです。

そうしたときに、AIでは代替できない総務部員の仕事とは何かを考えると、他部署の従業員の困りごとをいち早く知って、スグに手を差し伸べる臨機応変さと温かさにあるのではないかと思うのです。

「あの人じゃなければ、あれはできないな」

「あの人に頼めば、一緒に対応してくれる」

そんな人間味あふれる総務部員にはAIは太刀打ちできないのではないでしょうか。

第 5 章

総務部員に必要な心構え

総務部員の基本的心構え

◆ 総務の元気が会社の元気

総務部員は経営トップのスタッフという役割があります。したがって、社内からは「総務部員の発言や態度は経営者の意を体するもの」と思われがちなことがあります。このことをしっかりと自覚し、**総務部員は常に公平公正に、そして「元気で快活」であるよう心がけなければなりません。**

しかし、現実の仕事はというと、経営者と各部門の板ばさみになって苦慮することもあれば、ほかの社員には聞かせられないような経営者の愚痴を聞くこともあり、さらには社外から寄せられた様々なクレームに頭を悩ますこともあります。総務部は、いわば“苦情の集積場”的存在でもあります。

そのうえ、直接利益をもたらすわけではないデスクワーク、それもルーティンな仕事が中心なので、つい気も滅入りがちになることもあるでしょう。

だからといって意気が上がらない態度では、社内の人間から「社長の側近があんな状態ではこの会社はよくない状態にあるのでは？」と思われかねませんし、社外にしても、経営者の代理として接する総務部員に元気がなければ、「あの会社には何か問題があるのかも？」と勘ぐられることにもなりかねません。

経営者にしても、いざ難関を乗り切ろうというときに周りの総務部員に元気がなければモチベーションが上がりません。

「総務の元気が会社の元気」と心得るべきです。

総務部を取り巻く人々

総務部員の基本的役割

◆スペシャリスト＋ゼネラリスト

総務部員は会社によっては、経理・労務・広報・人事・経営企画等々の専門業務をこなさなければなりませんが、それらの業務を十分にこなすには企業活動全体のことを知っておかねばなりません。

例えば、各部門から回ってきた出金伝票を処理するにしても、その数字がどのような企業活動の結果生じたものかがわかっていなければ、単なる“簿記係”にすぎず、本当の経理担当ではありません。時間外労働の賃金計算にしても、それが必要な時間外労働なのかにまで気が回らなければ、単なる“計算係”にしかすぎず、本当の労務管理担当とはいえません。

となると、**総務部員は担当業務についてはスペシャリストでありながらも、企業活動全般が理解できるゼネラリストでなければならない**ということです。

残念ながら「総務部は稼ぎどころの現場(ライン)の事務・雑用係」と考える社員がいる会社もあります。しかし、組織というものは後方支援があるからこそ前線が活躍できるのです。

会社全体の状況をリアルタイムで把握しながら、経営トップにアドバイスすると同時に、現場が動きやすいように微に入り細にわたり適切な対応を行うのが総務部です。

そのため、総務部員は担当業務についてはスペシャリストであると同時に、企業活動全般を俯瞰できるゼネラリストであるという自覚を持つことが大切になるのです。

総務部員はスペシャリスト＋ゼネラリスト

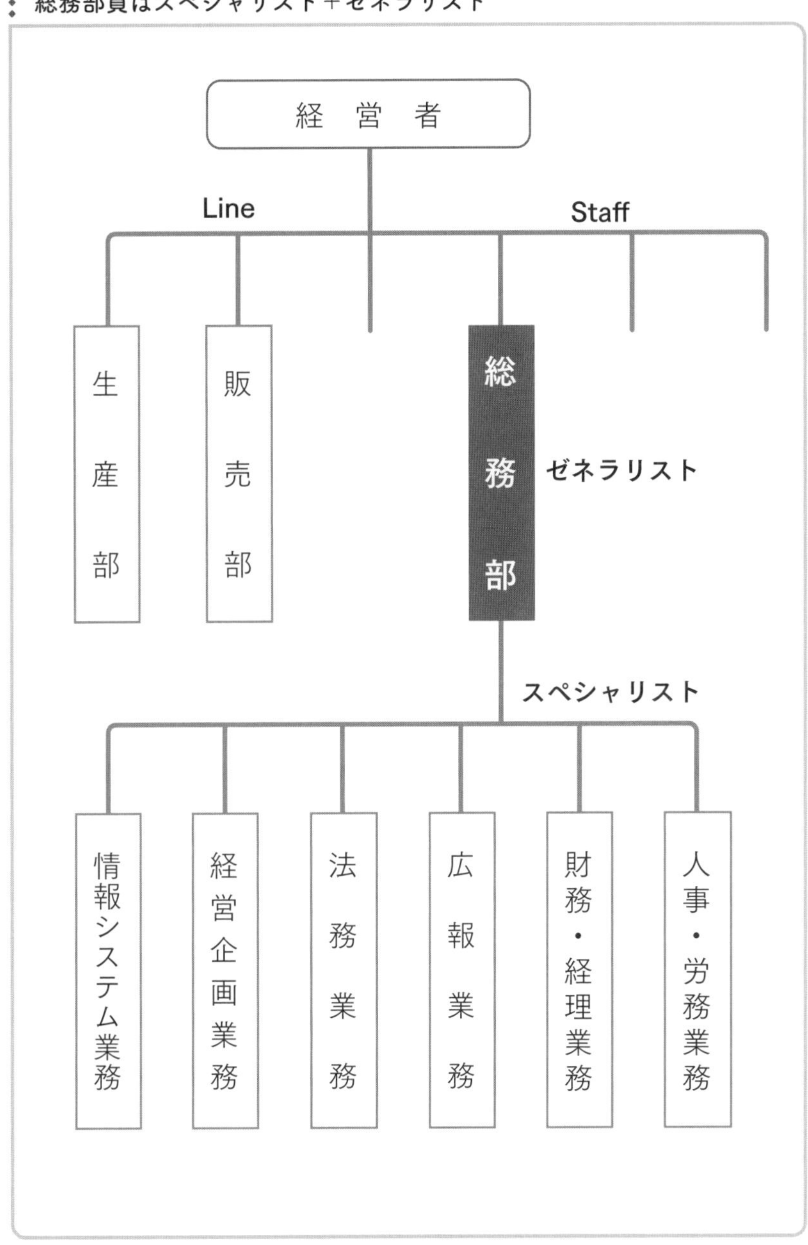

情報のコーディネーター役としての2つの要件

◆ 誠実性と信頼性

総務部門は企業活動を円滑に進める役割を担うのだと考えると、総務部は、

- **組織階層を貫く情報の流れ**（**トップダウンとボトムアップ**）**が滞らないようにする**
- **部門間の連携がスムーズにいくようにする**
- **社内外の意思疎通がうまくいくようにする**

といった情報のコーディネーター役が重要な仕事になります。

情報のコーディネーター役として必要な条件は、「あの人が言うことに嘘はない」「あの人には隠しごとがない」と思われる**誠実性**、そして、「あの人が我々を害することをするはずがない」「あの人は常に公平である」と思われる**信頼性**の２つです。

信頼性は、誠実性の積み重ねが基盤にあり、そのうえで相手の立場に立って考えることによって形成されます。

となると、禁忌事項は、「社内に対しては、経営者を背景にしたものの言い方をしないこと」「社外に対しては、企業の論理を押しつけたり、企業の力を背景にしたものの言い方をしないこと」ということになります。

いま企業に求められている**コンプライアンスは、誠実で信頼できる総務部員がいてこそ社内に広がっていく**のであり、そのために**総務部員にはインテグリティ**（**誠実、真摯、高潔**）**の精神とその精神に基づいた行動規範が必須**になります。

情報コーディネーターの役割と持つべき心得

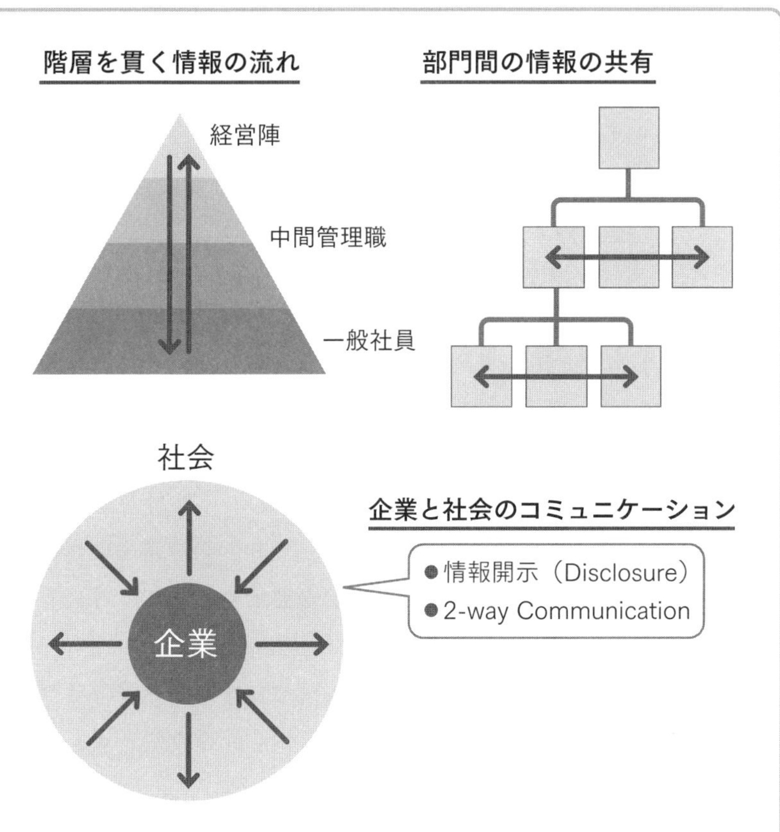

情報伝達の心得

迅速性	伝達に余分な間をおかない
正確性	間違って伝わらないように配慮する
誠実性	嘘をつかない、隠しごとをしない
公平性	相手によって対応を変えない

109

総務のサービスに必要なこと

◆ 利他の精神による情報の公表

「経営者の意志が企業組織の末端にまで行き届く」「社員が明るく積極的に働き、働きがいを感じている」「社員が企業組織の一員として、企業の社会的責任を担う自覚を持っている」といった理想的な企業風土をつくるのも、総務部員の大切な仕事の１つです。

この企業風土づくりには、「**社内制度・規則を制定して、それを社員が自律的に遵守する**」「**制度・規則を見直して、社員が常に自由かつ公平・公正に扱われるようにする**」といった制度的対策のほかに、「**社員が会社に対等な立場で質問・疑問・要求が言えるようにする**」といった**心理的安全性**がカギになります。

こうした対策を、社員の職位・職務・職歴にかかわらず、全社員に公平・公正に適用することが、真の意味での“総務のサービス”です。

具体的にいえば、機密情報の秘匿など一定の制約はありますが、「社員に対する情報開示」もその１つです。

また、「信賞必罰」も全社員を公平・公正に扱うという意味でその１つになります。

しかし、罰しただけでは不十分で、敗者復活の場を与えることまで考えなければ、真の総務のサービスにはなりません。逆に、ほめるだけでもいけません。その後にうぬぼれて道を踏み外さないように見届けなければ、本当のサービスにはならないからです。

つまり、**総務のサービスとは「利他の精神」で開示できる情報をすべて提供し、全社員が自由で平等に仕事ができるようにすること**です。

良き企業風土をつくるポイント

目標

自由・平等な
職場環境

働きがいがある
職場環境

風通しがよい
職場環境

社会的責任の自覚

→

方法

自由・平等な職場
環境を維持する制
度・規則づくり

上記を浸透させる
教育と社内広報

信賞必罰と敗者復
活のチャンス

情報開示

採用・教育・配属
の機会均等

110

機密保持と情報開示の姿勢

◆ 情報を扱う際の判断基準を持つ

経営トップのスタッフの役割を担う総務部員は、企業の機密や社員の人権にまで影響を及ぼす情報に触れることがあります。

したがって、総務部員の条件として必ず挙げられるのが「機密保持」です。

口が軽いのは問題外ですが、機密保持といってもどこまで他人に明かしてよいかが問題です。「ここまで隠さなくてもいいのに……」と思うこともあるでしょう。しかし、ソクラテスが「悪法も法なり」と言っているように、ルールとして決められたことは守らなければいけません。しかし、総務部員としてはそれだけでは不十分で、**現状の機密保持のルールが世間一般のそれに照らして行き過ぎたものであれば、正す努力が必要**です。

一方、機密保持のルールがないからと、何でもオープンにしていいわけではありません。やはり、どこまで開示すべきかを慮（おもんぱか）る必要があります。といって、いつまでも個人の考えだけに任せておくのはよくありません。判断する人によって結果が変わり、企業として一貫性のない結論を出すことになるからです。そういう場合は、機密保持のルールを提案すべきです。そして不十分であっても、まず運用し、日々改善していけばよいのです。

機密保持のルールがない場合の判断基準は、第1に個人の人権保護、第2に秘匿することによって社会に与えるマイナス、そして第3が開示することによって自社が被るマイナスの順です。

機密保持と情報開示

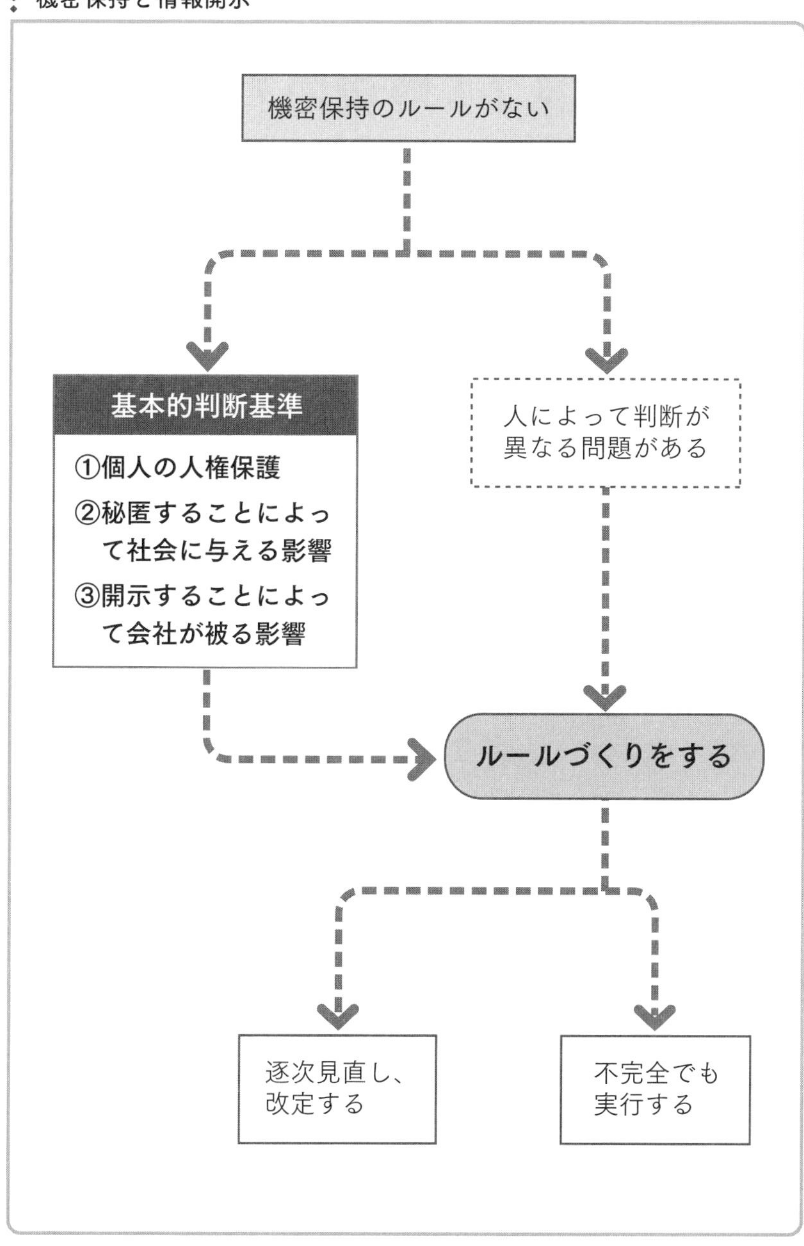
機密保持のルールがない
基本的判断基準
①個人の人権保護
②秘匿することによって社会に与える影響
③開示することによって会社が被る影響
人によって判断が異なる問題がある
ルールづくりをする
逐次見直し、改定する
不完全でも実行する

111

総務部員の自己啓発①

問題発見力と解決力の練磨

◆ 情報感度、分析力、仮説検証

総務部員に求められる資質の１つに、問題解決力があります。つまり、問題が起きたら、それをできるだけ早く解決する力です。

しかし、今日のVUCA（ブーカ）の時代（変動さ、不確実さ、複雑さ、曖昧さに覆われた時代）においては、問題解決力だけでは不十分であり、それ以上に求められていることは、問題になりそうなことを事前に見出す問題発見力です。

問題発見力は、情報感度と分析力が中心になります。

情報感度は、好奇心といってもいいでしょう。何事にも興味を持つことであり、高いアンテナを立てて広域から情報を受信することです。そして、受信した情報の中から必要な情報を選び出すには、日頃から問題意識を持っていること、言い換えれば、**突き詰めてみたいテーマをいくつか持っていることが大事**になります。

発見した問題を解決するためには、問題が生じた原因となる要素と、その問題に至る過程を分析することです。そして、分析結果は、あくまでも仮説にしか過ぎませんから、それが真実であるかどうかを確認する作業（仮説の検証）が必要になります。

問題解決力とは、起こった問題に早期に適切に対処してプラス効果を高める一方でマイナスを低め、かつマイナスの影響が生じる問題は再発を防止することです。そのためには、応急処置としての対策と、今後仕組み化して対応できるようにする制度的対策が必要になります。制度的対策を講じなければ、問題の再発防止はできないからです。

問題解決のプロセス

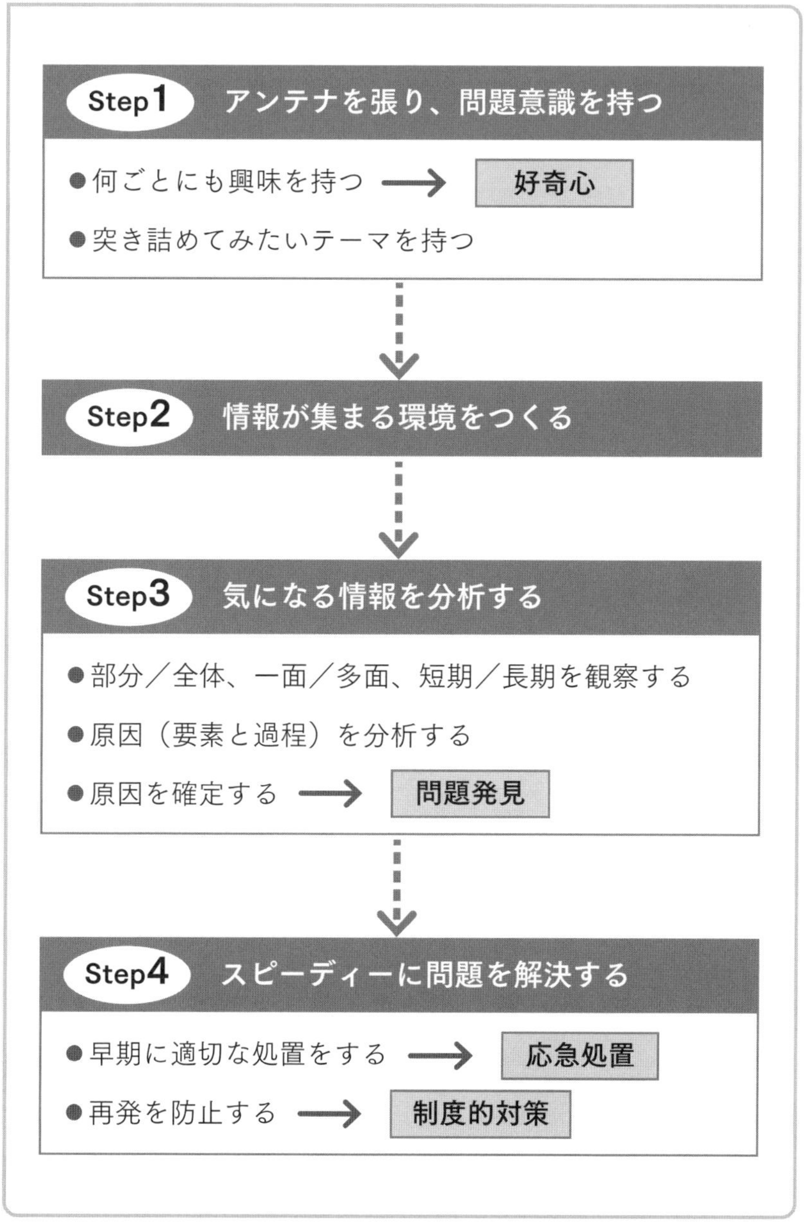

Step1 アンテナを張り、問題意識を持つ

- 何ごとにも興味を持つ → **好奇心**
- 突き詰めてみたいテーマを持つ

Step2 情報が集まる環境をつくる

Step3 気になる情報を分析する

- 部分／全体、一面／多面、短期／長期を観察する
- 原因（要素と過程）を分析する
- 原因を確定する → **問題発見**

Step4 スピーディーに問題を解決する

- 早期に適切な処置をする → **応急処置**
- 再発を防止する → **制度的対策**

112

総務部員の自己啓発②
臨機応変の行動力と持続力の練磨

◆ 知識の蓄積と身軽に対処する習慣

緊急事態の連絡が入り、社内の誰よりも先に何らかの行動を起こさなければならない総務部員には、臨機応変の行動力と、その問題が解決するまで耐え抜くことのできる持続力が要求されます。

行動力と持続力とは健康が基盤であることは、体調が悪いと仕事がはかどらないことからもわかってもらえるでしょう。

問題は「臨機応変」です。これは、やはり経験が第1にものをいいます。「ということは、新人はベテランに勝てないの？」と思う人もいるかもしれません。たしかに、過去に得た知識と経験を自分のものにする能力が同じであれば、新人はベテランにかないません。

しかし、ベテランに属する人の中には、何となく人生を送ってきた人もいます。そういう人は、この能力が乏しいと言わざるを得ません。「見たものも見えず、聞いたものも聞こえず」で、せっかくの経験が知恵として身についていないのです。そういう人には新人でも勝てます。**本当のベテランたちから話を聞いたり、読書等から得たりした知識を参考にして、平時に疑似体験することによって、経験年数以上の体験的知恵を身につけることができる**ようになります。

もう１つ、**臨機応変の行動力には身軽さという要素**も含まれます。平時では「考えてから行動を起こす」ことでよいのですが、**緊急時では「行動を起こしながら考える」**ようでなくては間に合わないこともあります。緊急時に限らずやるべきことは後回しにせず、すぐに取りかかることも総務部員に求められる行動習慣です。

緊急事態対応力

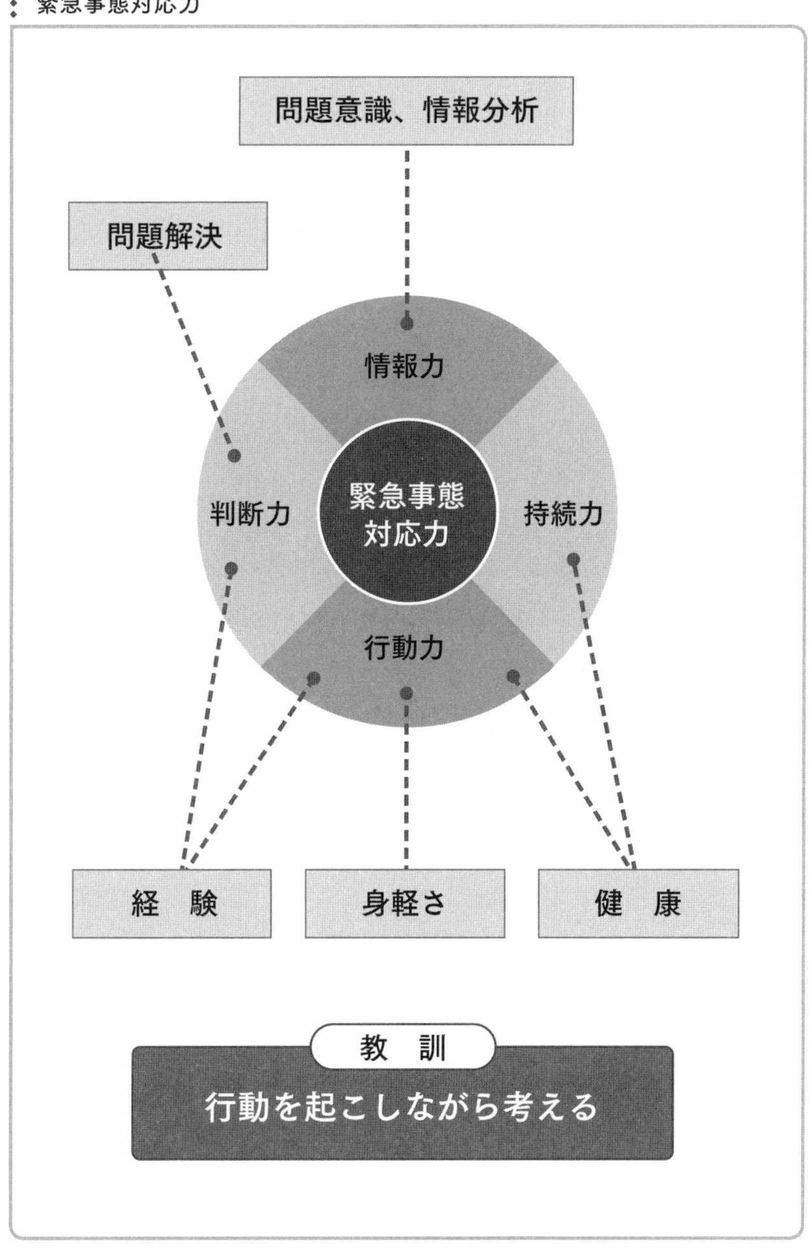
問題意識、情報分析
問題解決
情報力
判断力
緊急事態
対応力
持続力
行動力
経　験
身軽さ
健　康
教　訓
行動を起こしながら考える

113

総務部管理者の役割①

トップの良き補佐役

◆ 情報参謀としての要

企業活動とは、ひとことでいえば「経営資源を有効活用して、付加価値を創造すること」です。

経営者は、その企業活動がより効率的・効果的にできるように計画を立て、その計画どおりに活動ができるように経営資源を配分し、その使われ方、つまり活動経過をチェックして、必要とあれば計画も活動も修正するといった管理行動の責任者です。

さらに、経営者は企業活動について社会が求める情報を開示したり、社会の一員として社会貢献をしたりといった、いわゆる企業の社会的責任の最終責任者でもあります。

管理行動の責任者であり、社会的責任の最終責任者である**経営者に判断材料を提示し、その判断結果を管理者層あるいは各部門に、経営情報または社内広報といった形に翻案して伝えたり、社外の企業を取り巻く人々（ステークホルダー）に、それぞれに必要な情報に翻案して伝える**のが、総務部の重要な役割です。

総務部管理者は、その「情報参謀」の要となります。

社内外の情報を収集・分析し、その結果を経営者が直面する経営課題の判断材料として、まずは経営者に伝えます。さらに、考えうる判断とその判断の結果生ずるであろう事態の予測、いわゆるシナリオを用意します。

このシナリオは、①理想的状態、②確率の高い状態、③最悪の状態の３種類用意できることが望ましいです。

トップの補佐役

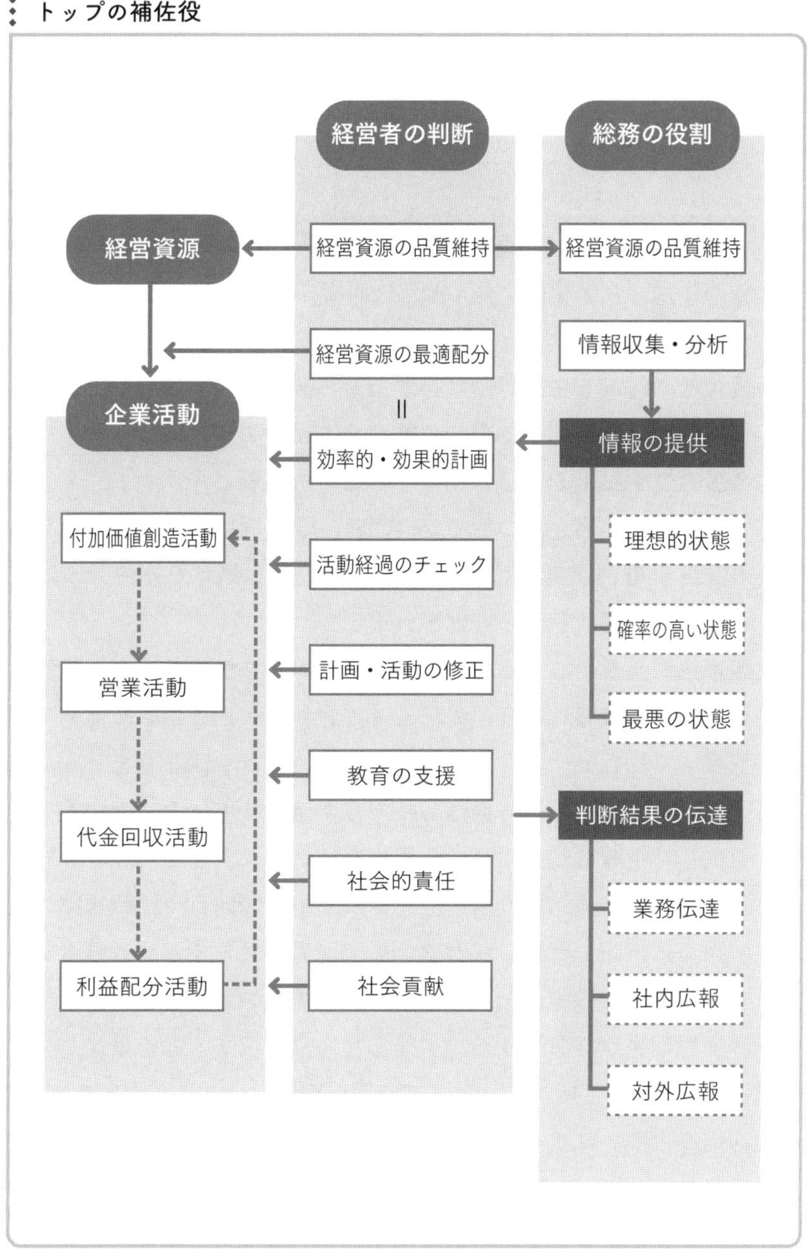

経営者の判断
総務の役割
経営資源
経営資源の品質維持
経営資源の品質維持
経営資源の最適配分
情報収集・分析
企業活動
||
効率的・効果的計画
情報の提供
付加価値創造活動
活動経過のチェック
理想的状態
確率の高い状態
営業活動
計画・活動の修正
最悪の状態
教育の支援
代金回収活動
判断結果の伝達
社会的責任
業務伝達
利益配分活動
社会貢献
社内広報
対外広報

114

総務部管理者の役割②

重要情報の発信

◆ 経営に関する情報発信の留意点

総務部には、企業組織全体に経営上重要な情報を発信する役割があります。その情報は次の３つに大別できます。

①経営者の判断を企業行動に移すための業務に関する情報

②事業活動を安定的・効率的に維持するための情報

③理想的企業風土を創造し維持するための情報

①と②は「業務通達」の形で発信され、③は「社内広報」の形で発信されます。社内広報には、①と②のアフターケアや社内外の情報ギャップの溝を埋めることも含まれます。

業務通達で大事なことは、特に経営者の判断を伝える場合、組織階層ごとに必要な情報に翻案して伝えることです。このとき、通達された情報がすぐに行動に移せるものになっていなければなりません。

もう１つ大事なことは、発信しただけで済ませてはならないことです。発信した情報の効果は必ず見届けなければなりません。そうすることによって、発信した情報に内包されている問題点や情報経路の問題点、さらに情報を行動に移せない原因が見出せます。それらの問題点を制度的変革、教育の強化によって解決するのも総務部の役割です。

総務部管理者が経営者からの通達を社内に発信するときに陥りやすい陥路があります。それは、トップの良き補佐役の立場を曲解して「虎の威を借りた狐」になることです。トップの補佐は、あくまでも職務上の役割であって、その役割を果たしているからといって他の部門よりも偉いわけではありません。こうした思いは厳に戒めるべきです。

重要情報発信の種類・形態・留意点

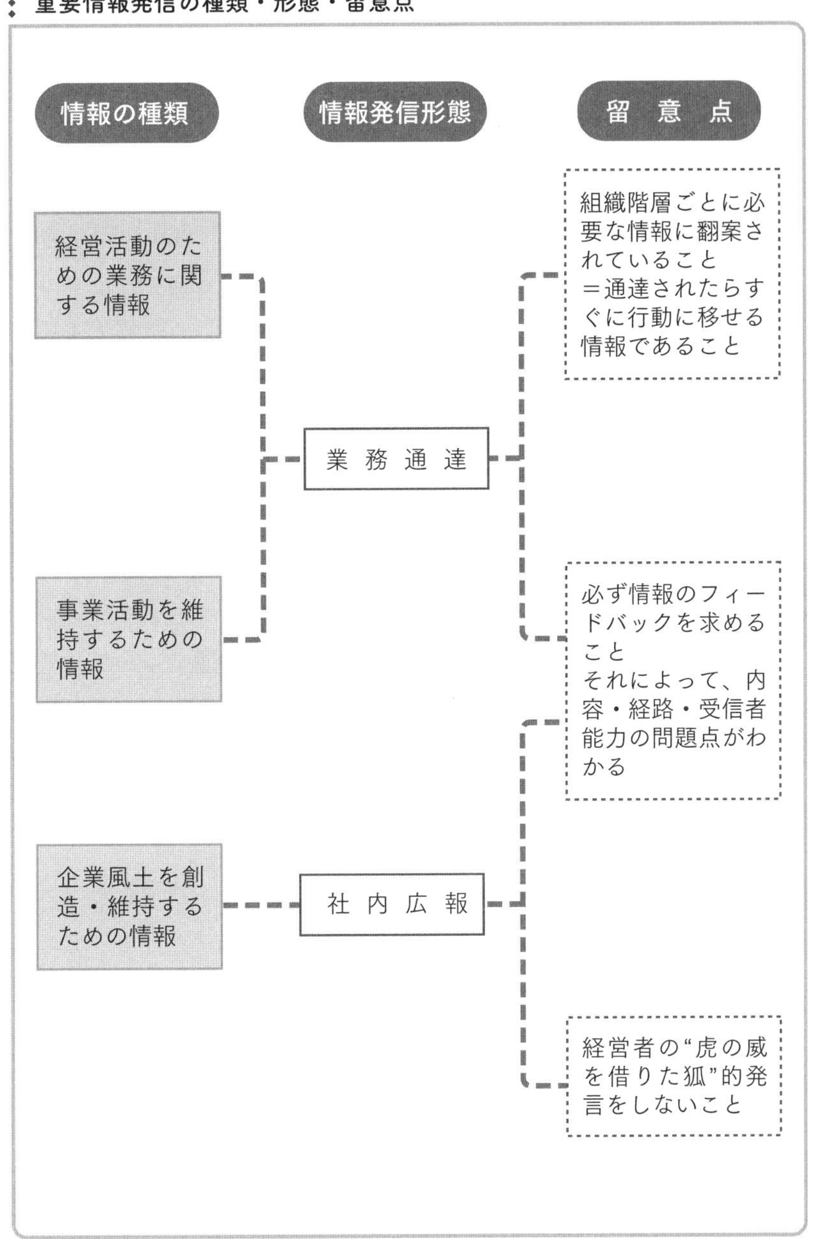

115

総務部管理者の役割③
各部門の調整役

◆「公平・公正な立場」を貫く

総務部管理者は経営者の直属スタッフとして、経営者の手となり足となって**社内の各部門に生じたコンフリクト（対立）を調整する役割**も担います。

コンフリクトの調整役として心得ておくべきことは、先に述べたように「虎の威を借りた狐」になってはならないことのほか、「公平・公正な立場」を貫くことです。ただし、公平・公正というのは、どちらにもくみしないという意味だけでなく、対立している部門が同じテーブルについているかどうかを見極めることも含まれます。

意見の食い違いが、与えられた情報の内容と量の違いから生じていたり、情報の解釈の違いから生じていたりするのであれば、それは意見の食い違いではなく、かみ合っていないだけです。だから、まず同じ情報の種類と量と解釈のもとに、各部門の意見が出てきたのかどうかを確認します。

次に、情報ギャップが存在すれば、足りない情報を追加したり、解釈を統一したりしなければなりません。その結果の部門間の意見の違いは、相互に話し合えば、ある程度折り合えるものです。

それでも折り合いがつかなければ、調整役としては、全社的に見てプラスになる意見を、その理由を示しながら取り上げたらいいのです。

現実には、部門長のプライドや人間関係などで、調整が進まないこともあるでしょうが、そうした個人的な理由による部門間の軋轢は、トップに委ねるしかありません。

部門間のコンフリクトの調整

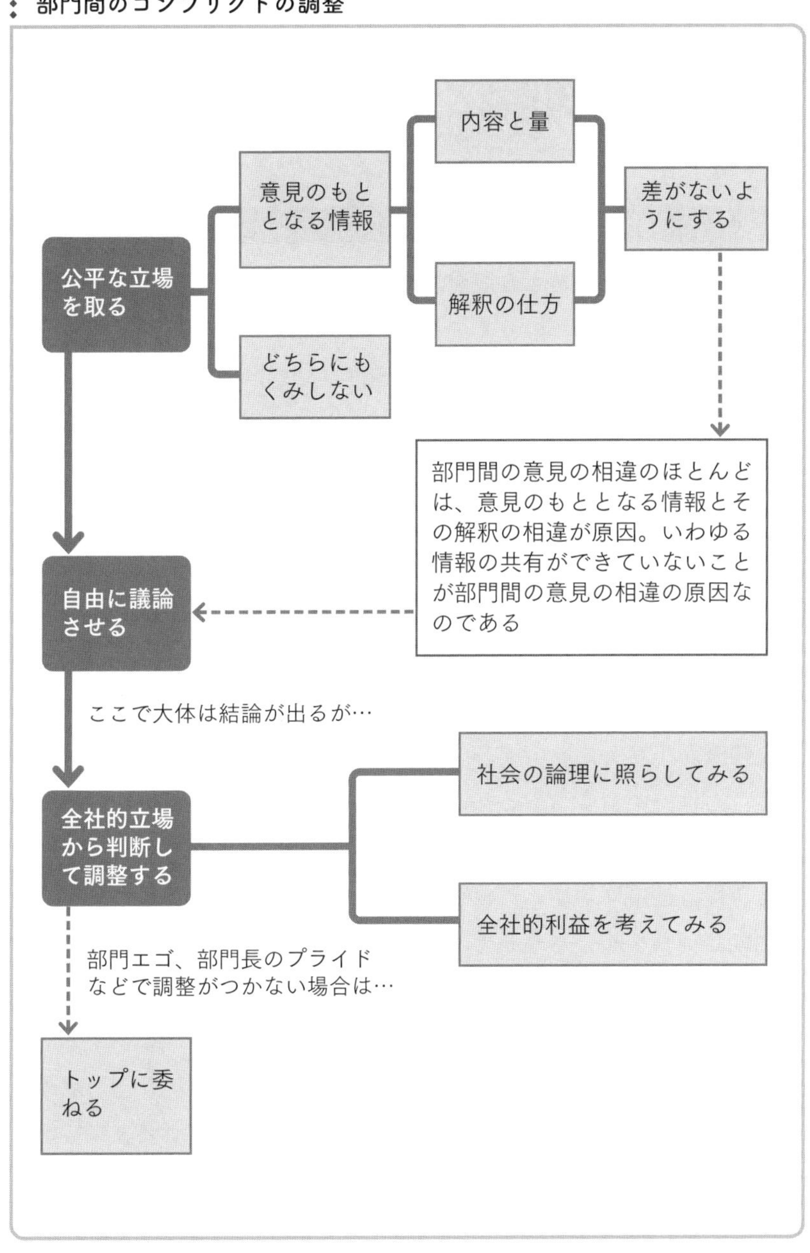

116

総務部管理者の役割④
広範な知識と高度なスキル

◆ 総務の専門知識＋高いビジネス力

総務部管理者に求められる資質は、経営者に求められる資質と同じと考えるべきです。そのうえで身につけるべき知識と技術は、芯となる専門分野のほかに、幅広い知識と高度な問題解決能力です。マネジメントに関しては各部門の部課長すべてと渡り合えるだけの経験が必要であり、加えて、コンプライアンスやSDGs、ESGといった最新のマネジメント情報、業界動向や消費性向等の企業環境情報を収集し、読解力＋書く習慣（手書き、PC）理解する力が求められます。

情報の理解力は、「観察力」「分析力」「判断力」の３つで構成されますが、大事なことは、表面的現象にとらわれないこと、分析結果が事実であるかどうか確認すること、そして応急処置と制度的対策の両方の判断が下せることです。

実行力は、いわゆるやる気が原動力になりますが、期待される結果を出せる「自信」と、やってみたらどんなことになるだろうかという実行過程と結果に対する「仮説構築力」が、その前提となります。

他人に行動を起こさせる力がコミュニケーション能力で、それは傾聴力と説得力が中心になります。

傾聴とは、他人の話を真摯に聴く態度のことであり、この態度が相手の信頼を引き出すもとになります。

説得力とは、話し上手という意味ではなく、相手が必要としている情報を相手が最も理解しやすい言葉で伝えることです。その前提は、228ページで述べた３種のシナリオを描き出す力です。

総務部管理者に求められるスキル

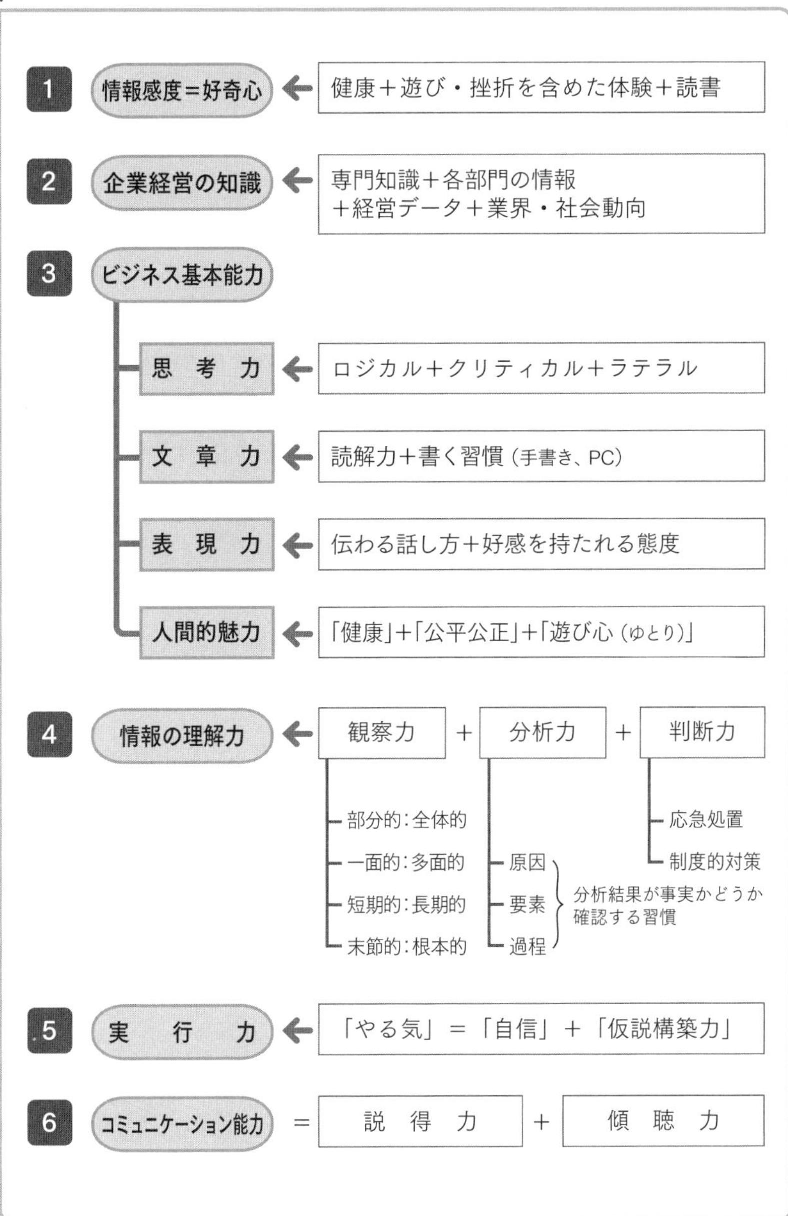

索 引

数字・英字

1 年保存文書……121
2 年保存文書……121
10 年保存文書……119
3 年保存文書……121
36 協定……168
4 年保存文書……121
5 年保存文書……120
7 年保存文書……120
DX 化の推進と総務部の役割……41
IR……190
ISO14001……130, 207
Off-JT……166
OJT……52, 166
PDCA……53
P マーク……142
VUCA……36, 98
Z 世代……57

あ

アウトソーシング……38
秋の全国交通安全運動……74
安全委員会（職場の安全対策）……63
安全管理者……63
安全週間キャンペーン……63
育児・介護休業法……209
育児休業制度……170
受付業務……150
永久保存文書……119
エンゲージメント……73
押印……202

か

会議管理……122
会計監査……128
会計監査人監査……128
介護休業制度……170
会社説明会の開催……100
会社法……204
改正電子帳簿保存法……99
改正労働施策総合推進法……85
外部との渉外役……184
外部との接点となる役割……27
夏季休暇の実施と管理……67
株式管理……124
株主総会……55, 59, 108
環境 ISO……130
環境基本法……131, 206
環境対策……130
環境マネジメントシステム……130
関係会社管理……126
関係先・取引先のデータ整理……68
官公庁や役所との渉外関係……29
冠婚葬祭……178
監査役監査……128
間接部門の要……14
企業環境変化への総務部の対応……37
企業市民活動の推進……192
企業の顔……16, 26
休暇……171
休日……171
休日・休暇の管理……170
教育休職制度……170
業務監査……128
業務規程の見直し……94
業務推進計画の中間報告会……78
禁煙促進活動……57
緊急時対応マニュアル……132, 134
グリーン購入法……207
経営計画の策定……98, 106
経営トップの参謀役……16, 18

経費支出の点検 72
決算事務 97
健康増進の啓発活動 75
健康増進法 57
公益通報者保護制度 138
交通安全対策の推進 74
広報・PR業務 190
高齢者雇用安定法 210
コーポレートシチズンシップ 192
個人情報取扱事業者 142
個人情報保護 142
固定資産台帳 144
雇用保険法 211

さ

裁判員休暇 171
採用内定の通知 77
サブロク協定 168
三様監査 128
資源有効利用促進法 207
自己申告書 164
仕事始め式の実施 89
自主防災組織 71
社員が関係した事件・事故対策 136
社員教育の実施・サポート 166
社員の健康管理 176
社葬 181, 182, 183
社内規程の整備・管理 112
社内行事・イベントの運営 154
社内広報 156
社内報 158
車両管理 148
循環型社会形成推進基本法 206
渉外・折衝業務 188
商業登記法 205
消費者対応の役割 33
情報セキュリティマネジメント 140
常務会 110
職能給 172
職能資格制度 172
職場の安全対策・環境整備 63
職場のハラスメント撲滅月間 85
ジョブ型人事制度 172
新入社員の受け入れ準備 101
人事異動の検討 95
新卒採用 162
新入社員の入社前研修 93
新入社員のフォローアップ研修 73
新入社員集合研修 51
新年度経営方針の発表 49
新年を迎える準備 87
スタッフ部門 22
製造物責任法(PL法) 206
歳暮贈答品の手配・発送 82
セクシャルハラスメント(セクハラ) 85
全国安全週間 63
全社的活動の推進 16, 24, 160
全社的なコミニュケーション管理 16, 20
戦略型総務 42
戦略型総務への成長 43
葬儀の手伝い 180
総務 14
総務部の「調整機能」と「伝達機能」 23
総務部の社内外の役割 17
総務部の分化 15
総務部の位置づけ 15
総務部門の合理化により求められる役割 39

た

第3の利潤を生む部門 26
体力つくり強化月間 79
他部門のサービススタッフ 16, 22
他部門へのサービスの提供 21
男女雇用機会均等法 209
地域コミュニティ活動 30
地域社会の一員としての役割 31
知的財産権 205
中堅管理者研修の実施 65
中元贈答品の手配・発送 64
賃金体系の整備 172
通年採用 162
定期採用 81
定時株主総会 108
定足数 59
デジタルリテラシー 198
特別決議 108

取締役会設置会社……110
取締役会の運営……110

な

内定者フォローアップ……77
内部監査……128
内部告発……138
夏の省エネルギーの総点検……69
日本的年俸制……172
入社式の準備・実施……50
年間行事・業務計画……91
年金制度改正法……211
年始のあいさつ回りと年始客の対応……90
年次有給休暇……171
年末の大掃除と文書整理……86

は

パートタイム労働法……211
廃棄物処理法……207
配置・異動……164
バックオフィス業務……104
パワーハラスメント(パワハラ)……85
パワハラ防止法……85
秘書業務……152
福利厚生施策……174
福利厚生施設の点検・整備……61
普通決議……108
不動産管理……144
不動産登記法……205
プライバシーマーク……142
フレックスタイム制……168
文書管理……116
文書作成・送付……200
文書の整理・廃棄……99
文書の法定保存期間……118
ヘルプライン……138
変形労働時間制……168, 170
防火責任者……63
防災訓練の実施……71
防災の日……71
法務業務……114
法令遵守の啓発活動……83
募集・採用……162
ボランティア休暇……170

ま

マタニティハラスメント(マタハラ)……85
招かれざる客……186
ミレニアル世代……57
無形固定資産……144
メディアとの信頼関係をつくる役割……35
メモリアル休暇……170
モラルハラスメント(モラハラ)……85

や

役員改選……56
役員交代……56
役員就任手続きと通知……56
役員就任披露会の開催……60
有形固定資産……144
用度品管理……146
予算編成……97

ら

ライン部門……22
リサイクル法……206
リスクマネジメント……132
リフレッシュ休暇……170
臨時株主総会……108
労使協定……168
労働安全衛生法(安衛法)……208
労働基準法(労基法)……208
労働時間の管理……168
労働者派遣法……211

下條　一郎（しもじょう　いちろう）

元「月刊総務」代表兼編集長。東京都立九段高校、立命館大学文学部卒業後、株式会社池田書店入社。同社で書籍や雑誌の編集等を経た後「月刊総務」の出版権を引き継ぎ独立、株式会社現代経営研究会を創業。同誌を日本唯一の総務専門誌に育て上げる。同誌発行の傍ら、総務実務等のセミナー講師、経営やビジネス実務に関する勉強会を主宰。上場企業経営者をはじめ著名作家、大学教授、メディア関係者等多彩な人的ネットワークを持つ。総務およびビジネスマナー等ビジネス実務に関する書籍を多数執筆。

総務部員の基礎知識

2024年4月30日　初版第1刷発行

著　者――下條 一郎

発行者――張 士洛
発行所――日本能率協会マネジメントセンター
〒103-6009 東京都中央区日本橋2-7-1　東京日本橋タワー
TEL 03(6362)4339（編集）／03(6362)4558（販売）
FAX03(3272)8127（販売・編集）
https://www.jmam.co.jp/

装　　丁――重原 隆
本文DTP――株式会社森の印刷屋
編集協力――根本 浩美（赤羽編集工房）
印 刷 所――広研印刷株式会社
製 本 所――株式会社新寿堂

ISBN978-4-8005-9203-3 C2034
落丁・乱丁はおとりかえします。
PRINTED IN JAPAN

JMAMの本

図解でわかる経理部員の基礎知識
役割・機能・仕事——部門に1冊の実務マニュアル

栗山俊弘・山本浩二・
松澤和浩　著

A5判240ページ

経理部員として最低限知っておきたい基本項目（役割、機能、業務、必要な知識）を抽出し、新しく経理部に配属された人から現在経理部に在籍している人の日常的な実務を図解で解説。

改正電子帳簿保存法とインボイス制度対策のための
経理DXのトリセツ

児玉尚彦・上野一也　著

A5判248ページ

経理の業務時間の4分の3が事務作業と言われる現状をDXにより将来的にはゼロ時間を実現し、経営管理など、より重要な業務ができることをめざす。そのための経理実務を詳解！

ジョブ型人事制度の教科書
日本企業のための制度構築とその運用法

柴田 彰・加藤守和　著

A5判224ページ

「ジョブ型は成果主義のことだ」などとの誤解があるジョブ型人事制度。「処遇は職務の価値によって与えられる」ことを根底に、制度設計から評価法、運用法などの実務を専門家が詳述。

日本版ジョブ型人事ハンドブック
雇用・人材マネジメント・人事制度の理論と実践

加藤守和　著

A5判216ページ

ジョブ型を導入する現場では「職務記述書」と「職務評価」の運用がカギとなる。その具体的な取り組み方や基幹人事制度および人材マネジメントへの活用法を丁寧に解説。制度導入・運用の手引きに使える。

日本能率協会マネジメントセンター